對 比 的 視 野

—— 當代港臺哲學論衡

吳 有 能 著

比 較 研 究 叢 刊

文史哲出版社印行

國家圖書館出版品預行編目資料

對比的視野 — 當代港臺哲學論衡 / 吳有能
著. -- 修訂初版 -- 臺北市：文史哲，民
98.08
　頁；　公分（比較研究叢刊；6）
參考書目：頁
ISBN 978-957-549-866-5 (平裝)

　1. 哲學-中國-當代（1900- ）--論文，講
詞等

128.04　　　　　　　　　　98015046

比 較 研 究 叢 刊

吳 有 能 主 編　　　　6

對比的視野 —當代港臺哲學論衡

著　者：吳　　　有　　　能
出 版 者：文　史　哲　出　版　社
　　　　　http://www.lapen.com.tw
　　　　　e-mail：lapen@ms74.hinet.net
登記證字號：行政院新聞局版臺業字五三三七號
發 行 人：彭　　　正　　　雄
發 行 所：文　史　哲　出　版　社
印 刷 者：文　史　哲　出　版　社
　　　　　臺北市羅斯福路一段七十二巷四號
　　　　　郵政劃撥帳號：一六一八○一七五
　　　　　電話886-2-23511028・傳真886-2-23965656

實價新臺幣三六○元

中華民國九十八年（2009）八月修訂初版

ISBN 978-957-549-866-5　　　13006

謝　辭

　　一本書的完成，絕非一人之功。這其中我希望特別感謝幾位師長，大學時期的老師中，李威熊教授憑著他過人的文化承擔精神與熱切的道德良心，啓迪很多晚輩，他那投注生命的講學，從大一開始就引發我對中國義理探索的興趣。張永雋教授、李明輝教授在不同方面給我對儒學更多的認識，沈清松教授引發我對對比哲學的興趣。當然業師勞思光教授，教導我接觸更多的哲學知識，打開我的視野，一直都是我個人哲學生命的重要資源。這都是我非常感謝的。

　　李哲欣同學概允當工讀生，兩年前他還特別犧牲年假，到臺北幫我完成煩人的論文資料影印工作；李同學與蘇倉永賢棣也在百忙中幫忙校訂第一章的初稿，勞思光教授對本書的第一章及第六章先後提供意見。溫偉耀教授則曾講評過本書第二章初稿，提供相當精到的意見。寫作期間，得到張雙英教授和林麗娥教授的幫忙，我得以利用政治大學圖書館豐富的資源，東海大學陳介玄教授幫忙借閱該校的哲學藏書，而鵝湖的黃梅英大姐在年前還特別幫我寄來最新的雜誌，讓我先睹爲快。他們的幫助我都銘記於心。

　　最後，我得感謝我的家人，特別是家母，他們雖然身在遠方，但總不忘記給我支持與鼓勵，更得包容我因繁重的教

研工作,而不得不常缺席許多家庭聚會。當然還應感謝幾位女性。恩師秦家懿教授總不忘鼓勵我繼續寫作,她既有慈母般的關懷,也有嚴師的鞭策,這是我永遠感念的。此外,我應感謝內子彭雅玲,從打字、校稿、找書,到聆聽一些她聽不懂的又不成熟的意見,她都沒有怨言,沒有她的支持與幫助,本書是無法完成的。

我當然還得感謝在天父懷裡的哥哥,他幫我打完這本書其中一章的初稿。後來他的肝病越來越嚴重了,在好多個日子,侄兒和我常陪哥哥一道到醫院做檢查、治療,有時候我還得帶著手提電腦邊寫論文,邊照顧他。但他做完檢查或清醒的時候,總不忘叫我回去寫稿子,即使有時候得忍著痛楚,他還是願意獨力承擔,好讓我有時間研究。他對家人及學生的照顧就是這麼多,即使再辛苦也願意承受。現在書稿將要出版,我以虔敬的心將這本小書獻給我的大哥 —— 一位勇敢又負責的吳有方老師。

吳 有 能

2001 年 2 月 11 日謹誌於燕霧堡

前　言

　　海峽兩岸三地的哲學研究，在當代有很不同的際遇。當代中國的哲學探索深受馬克思哲學與毛澤東思想的影響，許金興等就曾說：「中國現代哲學的最大收穫是產生了毛澤東哲學思想。」[1]而近年北京大學出版了一本討論當代中國哲學的高等教育哲學教材，這本書提出當代中國哲學的特點有四：[2]

　　當代中國哲學與毛澤東哲學思想聯繫密切。

　　當代中國哲學與階級鬥爭、政治路線聯繫密切。

　　當代中國哲學與人民群眾聯繫密切。

　　當代中國哲學與社會主義建設實踐聯繫密切。

　　大陸因為政府當局的提倡，毛澤東的思想幾乎代表最高真理，不同的哲學思潮幾無立足之地。加上文革的摧殘，學術荒蕪，除了讀毛語錄外，基本上讀甚麼書都可能有問題，[3]敏感的哲學就更彷如毒蛇猛獸，大家避之則吉，以免引火自

1　許金興、陳戰難、宋一秀著，《中國現代哲學史》（北京大學出版社，
　　1992 年 5 月），頁 632。
2　郭建寧主編，《當代中國哲學綱要》（北京：北京大學出版社，1996
　　年 6 月），頁 5-10。
3　李澤厚就曾提到他在幹校時，「只准讀毛選，連看馬列也受批評，要
　　讀其他書就更困難了。」參李澤厚著，〈走我自己的路〉，收入傅偉
　　勳著，《文化中國與中國文化 —— 哲學與宗教三集》（臺北：東大圖
　　書公司，1988 年 4 月），頁 223-227，引文見頁 225。

焚。一直到文革結束，情況才慢慢改觀。[4]

　　相對來說，港臺兩地在二次大戰後，逐漸在廢墟中建設發展，兩地的哲學探索，特別是對儒學的研究，展現了極高的工作成績。唐君毅、方東美、牟宗三、勞思光等大師先後輝映，他們儘管取徑不同，甚至峰嶽對峙，但是他們卻都著作等身，自成體系。通過他們的努力，將中國當代哲學的研究推上新高峰。近年學界已經相當重視他們的成就，所以有關他們的學術研討會相繼出現，而專門論著、著作選本等也先後出版。總而言之，港臺哲學可說是中國當代哲學史中燦然可觀的一章。

　　不過，臺灣與香港兩地的哲學何以可以合而觀之呢？這有其歷史上的原因，中國大陸在一九四九年後，以共產主義建國。而當時香港與臺灣則因持反共立場，而同屬所謂「自由世界」。[5]所以客觀上港臺與大陸的哲學交流幾乎可說是完全中斷的；而相對的，港臺兩地因地利之便使得學術交流活動頻繁，不少學者往來講學，至於出席對方的學術會議更是時有所聞。著名的新儒家領袖如唐君毅、徐復觀、牟宗三等都曾長期任教於港臺兩地的大專院校：香港的新亞研究所、

---

4 值得慶幸的是這一切的負面情況多已成過去，當前中國哲學研究已展現蓬勃的生機。有關大陸近、現代中國哲學研究的狀況，請參考邢賁思主編，《中國哲學五十年》（瀋陽：遼海出版社，1999 年 12 月）。

5 事實上，老一輩的港臺哲學家幾乎或多或少都反共，這就構成港臺哲學一個大家常常輕忽的共通點。他們反共的原因自然有很多不同因素，但是部份和港臺哲學家的哲學訓練有關，有些人受到基督宗教，特別是天主教的影響，其他又多少都受德國觀念論的影響。而這兩者都在學理或信仰上，反對唯物主義。

香港中文大學，乃至香港大學都曾是他們執教的地方；臺灣的臺灣大學、師範大學、東海大學、東吳大學、文化大學、清華大學等高等學府都曾有這些大師講學的蹤影。他們的學生遍及港臺，其中不少分居兩地大專院校教職，可見港臺哲學的密切關係。[6]當然，港臺兩地的文化歷史自有差異，我所要強調的是這些學者的影響早已突破兩地的地理區隔，最明顯的莫過於他們的著作幾乎是港臺從事中國文史哲研究的論著中最常參考引用的，甚至許多他們的特有的哲學術語及慣用譯語，也成為兩地的哲學共通語言。[7]所以相對於中國，港臺當代哲學界不但聲氣相通，而且在中國哲學的研究上幾乎共同分享、共同創造兩地共有的哲學成果。

　　港臺學者之中，卓然成家，大不乏人，哲學界中方東美、唐君毅、牟宗三、勞思光等堪稱大宗，他們苦心孤詣又才識宏博，他們等身的著作先後輝映，將當代中國哲學提升到前所未有的高度。但是港臺哲學對中國傳統哲學而言，絕非照著講，而是接著講；又因為他們大多深受西方哲學的洗禮，幾乎可說學貫中西，而唐、牟、勞三先生對德國哲學的研究，

---

6 近年頗有人將唐牟之學，視為臺灣當代新儒學，這種提法是片面的，絕不合乎事實全貌。余生也晚，沒有福氣見到唐先生，但卻有幸跟牟先生有數面之緣。記得我還是碩士班學生的時候，一次偶然的機會在新亞研究所遇到牟先生，談話間，牟先生說他是在甚麼時候「回港」的。幾年後，我因為計畫翻譯先生部份著作，所以在李明輝老師的引介下，到牟先生家中閒談。牟先生當時已經年邁，午睡之後才與我見面。他除了跟我解釋他要服用的各種心臟病藥物外，也跟我說，他不能坐飛機「返港」。可見在他老人家心中，香港也許有家的感覺吧。

7 牟宗三先生尤多，如「意的牢結」、「良知的砍陷」「無執的存有論」、「生命的學命」等等，不勝枚舉。

尤其出色。唐先生對黑格爾的融攝是人所共見的,牟先生對康德哲學的深造自得更可說由技到藝進入到化境。黃克劍、周勤曾正確的指出:「新儒家的思想源流是交貫東西古今的。」又說:「對西方正宗的理想主義或理性主義作悉心檢討是唐君毅、牟宗三所做的工作。」[8]趙德志在專研新儒學與西方哲學的專書總結道:「現代新儒學也是以思想文化的變革作爲解決中國現實問題途徑…主張通過援入西學使傳統儒學獲得新的生機活力來實現這一變革。」[9]至於勞先生對西方哲學更有類似百科全書式的理解。[10]所以在從事哲學探索的時候,就自然運用對比的進路。在對比的視野下,新見紛陳,多采多姿。

所以本書特別選擇當代港臺哲學所呈現的幾個重要向度,加以研究。首先,本書反省對比研究的哲學基礎,並在處理反對意見中,展示其在語言、存有學、方法學的義蘊。不過,從根柢上說,唐、牟、勞三位先生都關心儒學的前途,而唐牟二者更是新儒學大師。但是對照傳統儒學與西洋哲學兩者,我們發現儒學鮮少系統的反省死亡與愛情的議題,而基督宗教的東來,又構成儒學的新挑戰。這些人類永恆問題,亟待儒學提供現代的答案,所以這三方面的研究與開發,客觀上對中國哲學的在當代處境的開拓是有極大意義的。所以本書在第二、三、四章分別探索唐君毅先生在這三方面的觀

---

8 黃克劍、周勤著,《寂寞中的復興 —— 論當代新儒家》(江西:江西人民出版社,1993 年 4 月),頁 23、頁 32。

9 參趙德志著,《現代新儒家與西方哲學》(瀋陽:遼寧大學出版社,1994 年 2 月),頁 300。

10 參吳有能著,《百家出入心無礙 —— 勞思光教授》(臺北:文史哲出版社。1999 年)。

點，試圖討論可能產生的問題與限制，點明其特色與意義。
何況儒學是人生的智慧，人生必然包含生與死，而生死問題
正是人的最根本問題。但是傳統生死觀實際上多注意死亡問
題。在西方傳統中，「死亡學」（Thanatology）的範圍也是偏
重於死的一面，而沒有注意生的一面。所以從前傅偉勳先生
就曾努力提倡現代生死學，他正是要在死亡的探索之外，兼
重對生命的反省。[11]從現代生死學的觀點看，生死學的探索
本應包括生命存在的三大向度：超越向度（終極觀照）、死亡
向度（死亡觀照）與愛慾向度（生命觀照）。[12]本書對唐君毅
先生這三方面的研究 —— 超越向度、死亡向度與愛慾向度，
正可回應現代生死學的探索。筆者企盼藉著這三篇相互關連
的研究，再現唐君毅先生的深識睿智，亦或足發前輩潛德之
幽光，而彰顯儒學對於當代問題的相干性。儒學素來強調內
聖外王，如果生死議題主要偏重內聖的一面，外王的探索可
說是港臺哲學最引人注意的重大貢獻之一。所以本書特闢專
章，回顧牟宗三新外王說。而勞思光是一位博聞強記又思慮
精嚴的哲學家，一生著述不斷，刻下還在撰寫有關文化哲學
的晚年力作，可惜學界對勞先生哲學的重要性，還未有適足
的重視。勞先生的宏願企圖從哲學功能重新奠立德智對揚的

11　傅偉勳著，〈現代生死學建立課題〉，收入氏著，《死亡的尊嚴與生
　　命的尊嚴》（臺北：正中書局，1993 年），頁 175-237，特別是頁 178。
12　蔡瑞霖先生更加入美學向度，如他曾經提出生死學的三層價值取
　　向：宗教倫理與藝術，解脫的生死學體現全體大愛，規範的生死學
　　以愛／性（Love-and-sex）的價值取向建立規範，而觀照的生死學
　　則在虛擬與真實的對比中體現審美精神。參氏著〈哲學生死學的構
　　想〉，收入氏著，《宗教哲學與生死學 —— 一種對比哲學觀點的嘗試》
　　（嘉義：南華管理學院，1999 年 4 月），頁 253-266。

格局，以便一面在世界哲學配景下探索中國哲學，一面將中國哲學帶進世界哲學的舞臺。這不但直接觸及哲學的根本了解，也關聯到對比哲學的奠基性探索，及勞先生對中國哲學的通盤性了解。本書特別介紹先生的哲學進路與視域，希望讓讀者對勞思光哲學有更深的掌握，並爲日後進一部的研究奠下基礎。

　　與一般介紹性書籍不同，本書希望藉著客觀的展現、同情的理解與批判的反省，展現港臺當代哲學對比視野下的重要創獲。受限於學力，錯誤在所難免。不過尚幸學力雖然不足，但自問個人求道的心卻是熱切的，所以本書的寫就，絕非個人對港臺當代哲學探索的結束，反之，正因爲它的不足與缺陷，更能鞭策著我繼續前進。對我來說，唐君毅、牟宗三及勞思光三位大師的哲學成就，雖不能至然卻始終心嚮往之。

吳 有 能

2001 年 2 月 10 日謹誌於燕霧堡

對比的視野
—— 當代港臺哲學論衡

目　　次

謝　辭 ……………………………………………………… 1

前　言 ……………………………………………………… 3

第一章　對比研究的方法論反省 ………………………… 1

　壹、導言：方法與方法論 ……………………………… 1

　貳、對比的外在理由 …………………………………… 5

　參、對比的內在動力及其意識基礎 …………………… 7

　肆、對比的展開：知識學到存有學的轉移 ………… 13

　伍、典範與翻譯：對比研究的挑戰 ………………… 19

　陸、從麥金太耳看對比可能性的再貞定 …………… 26

　柒、從詮釋學看對比可能的再貞定 ………………… 33

　捌、結　語 …………………………………………… 39

第二章　唐君毅先生論超越界的介述及反思 ………… 43

　壹、引　言 …………………………………………… 43

　貳、唐氏超主觀客觀境的指涉（reference） ……… 49

　參、唐氏本體論證（Ontological Argument） …… 51

　肆、唐氏的道德論證 ………………………………… 58

伍、完全存在者自身的性質 ································· 63

陸、超越界與人的關係及其基礎 ···················· 66

柒、唐氏論證的檢討 ······································ 71

捌、結語：唐氏論證的哲學意義 ···················· 82

第三章　唐君毅先生的死亡觀 ···························· 95

壹、引　言 ·· 95

貳、死亡問題的提出及其重要性 ···················· 97

參、討論死亡問題的困難及回應 ···················· 100

肆、從形神關係反省死亡問題 ······················· 103

伍、打通生死的大道 —— 由對待性的
認知到實存的感格 ································· 108

陸、心靈與生死之相接 ································· 111

柒、生死相接與死亡之正面意義的開發 ············ 113

捌、祭　祀 ·· 116

玖、唐氏死亡觀之反省 ································· 119

拾、結　語 ·· 127

第四章　唐君毅先生的愛情哲學 ······················· 129

壹、引　言 ·· 129

貳、愛的本質 ··· 132

參、愛的形上向度 ··· 138

肆、愛的功能 ··· 140

伍、唐先生愛的觀念自身的反省 ···················· 144

陸、結語：唐先生看法的哲學意涵 ················· 150

第五章　牟宗三先生論新外王 ·························· 157

壹、引　言 ·· 157

貳、牟宗三先生新外王論簡述……………………… 160

參、思想淵源分析…………………………………… 170

肆、初步省思………………………………………… 175

伍、結　語…………………………………………… 180

第六章　進路與視域……………………………… 183

壹、引　言…………………………………………… 183

貳、進路問題………………………………………… 184

參、視域問題………………………………………… 191

肆、反　省…………………………………………… 202

伍、結　語……………………………………………211

參考書目…………………………………………… 213

第一章　對比研究的方法論反省
── 現象學與詮釋學的進路

壹、導言：方法與方法論

　　在對比較研究的領域中，人文學界並不缺乏高瞻遠矚之士，所以在這一方面早已有一定的努力。可惜，時至今日國人在這方面的總體成績還是十分有限。特別是能夠自覺地運用比較方法從事哲學與宗教的探索，確實是晚近才出現的現象。至於對對比方法自身進行反思，並提出理論性的說明，則更是當代方法論探索的新發展。[1]

　　從哲學立場看，方法的本義涉及知識的建立，例如近代哲學開山笛卡兒（Rene Descartes, 1596-1650）在他的《方法導論》（*Discourse on Method*）的首頁開宗明義就說方法導論

---

1 國人在這方面進行自覺反省，並能較爲系統的說明比較研究法的哲學基礎，則首推國立政治大學的沈清松教授，沈先生立基於現象學、詮釋學，且融會我國易學，提出他的對比哲學觀念，實屬難能可貴。參沈清松著，〈導論：方法、歷史與存有〉，收入氏著《現代哲學論衡》（臺北：黎明文化事業公司，1985 年 8 月），頁 1-28。又參氏著，〈創造性的對比與中國文化的前景〉，收入沈清松主編《詮釋與創造：傳統中華文化及其未來發展》（臺北：聯合報文化基金會，1995 年 1 月），頁 329-353。

是：「為正確地引導自己的理智和在科學中尋求真理。」[2]當
然在日常語言中，方法卻又常被引申為以某一目的而進行的
活動。如平常我們說交友的方法，大概就是指以結識朋友而
進行的種種活動；於是參加社團、筆友活動等都成為交友的
方法，當然這些活動都並非旨在建立知識，自亦與方法的本
義無涉。不過，就本文言，我們的立論範域是以本義界定的，
所以必以知識性為依歸。同時，方法與方法論又不同，方法
論是對方法的後設研究，簡單說它是對方法自身進行反省性
的思考。本文即從現象學及詮釋學的思路針對對比研究法進
行後設反省，意圖點出對比思惟在意識層的基礎，進而檢討
相對主義思路展現在孔恩（Thomas Samuel Kuhn, 1922-
1996）、蒯恩（Willard Van Quine, 1908- ）等的挑戰，並本詮
釋學立場加以回應，所以本文的立論只有一有限的目標，即
從現象學與詮釋學的視野看有關對比研究的方法論問題，所
以本文的立論也僅反映現象學與詮釋學的進路。

　　在談對比方法之前，讓我們先稍稍說明方法的特性。講
到方法，首先要特別強調：不要混同方法與觀點。假定我對
世界有某種看法，然後再拿這個想法來解釋不同現象的話，
顯然的，我的這個看法，並不是甚麼方法，而是觀點。[3]因為

---

2 參 Rene Descartes, trans. Elizabeth S. Haldane & G.R.T. Ross, *The
Philosophical Works of Descartes*(N.Y.: Dover Publication, 1955), Vol.
I, p.81. 此處的中文翻譯採用笛卡兒著，錢志純、黎惟東譯，《方法
導論・沈思錄》（臺北：志文出版社，1984 年），頁 59。

3 譬如說，在中國哲學史研究上常常有人提到唯物辨證法，我們知道
唯物辯證法對世界的演進、歷史的變遷都提供解釋，它事實上是一
個觀點。我們說它是一個觀點，其實意涵著可以評定它的真假。現
在誤將之視為方法，就是說根本不論真假，而只談應用這觀點的問

方法自身並不需負責對現象的解釋，它指的本來是一個歷程，通過這個歷程，我們會得到一定的結果。[4]換言之，方法自身並不是解釋，所以方法本無所謂真假。不過，我們可以採取不同的方法，通過不同的歷程，從而得到不同結果。就這一層意思來看，方法引向解釋，從而有真有假。如果我們面對不同的題材，做不同的活動，自然會通過不同的歷程，而所得出來的結果自然也就不會一樣。在哲學上的探索上，我們可能要處理知識論的問題，或處理價值論的問題等等，隨著所處理的對象的差異，我們所採用的探究過程自然不會盡同，而結果當然也可能很不一樣。因此，在方法的運用上，從正面說，我們不必堅持只用某一特定的方法，將它視為唯一的途徑，這在客觀研究上，也是不可能的；從反面來講，我們也應知道日常語言中，所謂「錯的」方法，或許更好說

題。現代中國學人在治哲學史，就很常用這個「方法」，因此根本不必去反省唯物辯證法的對錯，對這些「研究者」而言，問題也許只有一個，即怎樣才能較爲妥當地去應用這一已經被視爲真理的教條而已。如此一來，哲學史研究根本沒有方法問題，只有觀點問題。同理，所謂精神現象學之類也是特定的觀點而並非方法。最悲哀的是人以爲自己在用方法，事實上是已經接受一個教條。我們談哲學史方法，需特別留意不要混同方法與觀點這一點。有關觀點與方法的區分，筆者受益於勞思光先生的教示。參吳有能著，《百家出入心無礙 ── 勞思光教授》（臺北：文史哲出版社，1999 年），頁 31-33。

4 當然我們不是說方法是不對解釋的對象產生作用，近年詮釋學所謂的「前理解」、「有效歷史」都說明我們在進行解釋時的限制，而採取何種方法當然也可能所解釋者本人的視域所影響。我們在這裡強調的是在建立知識的目的下，我們不希望方法干擾正常結果的出現，而淪爲私見的生產工具。用多倫多大學哲學系方法論教授 Bruce Alton 的話，方法可以預見結果，但不操縱結果（anticipate but not articulate）。

是無效的方法或效力很低的方法。

　　現在讓我們再回頭看方法的特性。簡單來說，方法可說是旨在達到某種目的之程序及安排，譬如說，讀書方法就是達到讀書這個目的所需通過的程序、安排。不過，方法又具備某些特性，值得我們注意。其中比較顯明的是目的性及有效性；從目的性言，方法必然指向一定的目的，它希望完成某些目標，達到某種成果。因此我們可以說它是一種目的性的活動。

　　其次，對於這一程序活動，我們自然期望它有一定的有效性，以便達到這些目的，因此，方法要求一定程度的有效性。就用上述讀書方法爲例好了，假定我們說讀書的方法是背誦，這話的意思是說通過背誦這程序及安排，將有效地完成讀書這個目的。反過來說，倘若背誦不能達到讀書的目的，我們自然會說背誦並非讀書的方法。當然我們除了可以說某種方法是否有效之外，也可以根據有效性的高下，判定方法的優劣，因此，日常語言中也就會說這是好的方法，那是壞的方法，其實，所謂好壞是指這方法是否有效，以及假如有效，這方法的效能高下如何；而所謂效能，我認爲包括效域的大小、效速之快慢及效果的久暫三大成份。但是，有效性還是得相應於特定的目的才可以講的，對甲事而言是效能極高的方法，對乙事可能帶來災難性後果。譬如，朋友去世，我們也許給他家送一素帳，上題「典型尙在」。相應於對往生者表達崇敬這一目的，也許「典型尙在」這詞是有效的；但倘若朋友還健在，即使我們的目的還是在表達崇敬，則同樣的用詞，就不只無效，反而會帶來完全相反的後果。因此，

方法的目的性與有效性是相連的。

貳、對比的外在理由

從方法的目的性與有效性看對比方法，就涉及進行對比的理由、基礎等問題。對比的基礎可以分成外在的形勢與內在的原因兩方面來加以說明，當代世界迫切需要對話與溝通，從其外在理由看尤為明顯。讓我們先從外在的理由談起。

現代交通、資訊的發達，使全球化過程急速加劇。[5]在這樣一個世界中，沒有一個國家可自外於其他國家，更沒有一個文化可以自絕於世界文化之外。面對這樣一個形勢，今天我們在走向二十一世紀的途程中，就必須有國際的視野，全球的關懷，而對比研究最足以開展我們的視野，拓深我們的了解；通過比較，不但文化的異同得以彰顯，更重要的是我們可以擴充視域，增加觀點。通過這樣一個過程，我們不但

---

5 有關全球化的問題的討論已經引起國際學界的高度重視，較新的研究有 Malcolm Waters, *Globalization*（London ; New York : Routledge, 1995）、Robertson Roland, *Globalization social theory and global culture*（London : Sage, 1992）、Martin Hans-Peter, *The Global Trap*（New York : Zed Books, 1997）、John Tomlinson, *Globalization and Culture*（Cambridge, U.K. : Polity Press, 1999）等。除了從政治、文化、經濟等角度來探討此一議題外，近年最令人文學者注意的莫過於從哲學與宗教立場的探索，如孔漢思等的全球倫理的討論，就引起廣泛的討論。中國人對此問題的研究亦已展開，其最明顯者為俞可平主編的《全球化論叢》七冊（北京：中央編譯出版社，1998-1999年）。該叢書網羅中外不同學科的論文，可說是漢語世界中針對全球化議題的出版品中，最全面的一套叢書。

可了解對方,更可以進一步在對比中深化自我的了解。知己知彼,才可以讓我們更有效的開創新紀元。

同時,全球化的形勢使人類面臨一個多元文化的社會,多元文化社會其實就是呈現差異的社會,加之以利益之考量,不但讓相互理解產生困難,更容易造成衝突、鬥爭。遠的不說,北愛新舊教之爭,多年來一直是衝突的亂源。印尼回耶之爭,讓多少無辜華裔,慘遭凌虐致死。印巴之爭,更使南亞更形動盪不安。即使同文同種的中台關係也每每因溝通不足,時生齟齬。從全球化的過程看,不同的世界的接觸終不可免,而衝突就成為我們最需要注意的事。《文明的衝突》的作者亨廷頓(Samuel P. Huntington)曾引戴洛先生的話,指出未來世界衝突的根源將不再是意識形態或經濟利益的,它的根源是文化的。雖然民族國家在世界事務中仍然將保持強大力量,但是全球政治的根本性衝突將發生在不同文明的民族群體中。文明的衝突將支配全球政治,而文明分界線將是未來戰爭的分界線。[6]亨廷頓的說法固然不能全盤接受,但是他點出文化衝突的嚴重性倒是一針見血,探驪得珠。所以如何能夠避免因為文明衝突而來的爭鬥,實在是刻不容緩。對比研究可以幫助我們從不同角度去省思各種可能性,強化理解、降低衝突。是則對比研究在今天就更形重要。為了避免不必要的衝突和予盾,客觀上就形成了對話與溝通的需要,而對話必然蘊含著對比。因此,對比是不可避免的。

但是如果對比研究只有外在重要性,則對比只能是對外

---

6 參亨廷頓著,黃裕美譯,《文明衝突與世界秩序的重建》(臺北:聯經出版事業公司,1998 年 1 月),特別是頁 7。

在多元世界的無可奈何回應，本身未必具有價值。那麼是否多元世界的消失就必然導致對比價值的喪失？要回答這個問題，需要考察對比的內在因素。

參、對比的內在動力及其意識基礎

一、理性對普遍性的追求

　　但是，對比有其內在的原因，這可從人類的理性來加以說明。我們知道理性有追求普遍的特性，常常展現為籠罩一切的要求。在哲學學門中，這一特性最為明顯的表現為形上學的追尋。如果從形上學那追求對存在的根本性、統一性說明的特性來看，形上學更可說是理性追求普遍性的極致表現。而普遍性的追求表現為對一致性與系統性的講求；於是形成理解差異、統合萬端的趨向。這種種趨向當然涉及對比，我們可以說理性的求取普遍化客觀上形成理性的對比操作或對比運用。換言之，理性的對比運用（contrastive employment of rationality）是建立普遍性所不可或缺的操作。

二、對比運作的意識層說明 —— 一個現象學的進路

　　但是對比理性運作的邏輯為何？此中自然涉及同一與差異的問題。但是問題是在同異結果出現之前，何以在人的意識中會出現將不同的項目配對組合的操作？所以若求根源的說明對比，除了訴諸理性之追求普遍之外，也應注意意識層

面的分解。提到意識分析，現象學的探索可說是非常值得注意的。

現象學在意識活動有一基本肯定，它認為意識必然是有所對的。換言之，當我們一說有意識，必然是說意識到甚麼，它必有它所指向的、所意識的對象。這稱之為現象學的「能意」（noesis）與「所意」（noema）的結構。根據現象學這個判斷，我認為在意識活動中必然產生對比，即能意與所意的結構本質的蘊含對比的運作。

但是我們從現象學開山大師胡塞爾（Edmund Husserl, 1859-1938）那兒還可以得到更多的啟示。他的《笛卡兒式沈思錄》（*Cartesian Meditations: An Introduction to Phenomenology*）[7]依著笛卡兒進行層層沈思，在該書的第五沈思（The Fifth Meditation）中胡塞爾曾經論及由「個我」推到「他我」時的三大層次，即組對（pairing）、並現（co-present）及移情（empathizing）三個步驟，[8]我認為這三方面的說明有助於說明對比興趣的原初呈現。

---

7 Edmund Husserl, trans., Dorion Cairns, *Cartesian Meditations: An Introduction to Phenomenology*（Hague: Martinus Nijhoff, 1973）. 有關胡塞爾第五沈思的討論，簡明的可參考 Michael Hammond, Jane Howarth & Russell Keat, *Understanding Phenomenology*（Oxford & Cambridge: Blackwell, 1991）, pp. 205-221. 而就筆者所知，蔡瑞霖教授是第一位運用胡塞爾第五沈思來談對比方法的，參蔡氏，〈對比與差異〉，收入氏著《宗教哲學與生死學》（嘉義：南華管理學院，1999 年），頁 15-51。此外，蔡文處理同一邏輯與差異邏輯，並關聯到陳榮灼教授所提的類比邏輯問題。本文略其所詳，而在第五沈思方面，因蔡文只提到組對觀念，所以本文依胡塞爾《笛卡兒式沈思》，進一步談並現與移情。

8 *CM*, pp. 89-152.

　　在原初意識裏，對比的出現是有兩個不同的材料在意識裏面共同呈現出來。這一種使兩個可以互相區分的對比項構成連結的意識活動可稱爲形成對子的活動，而這個連接和關聯所構成的原初綜合就是對比的基礎，[9]對比可以說是以意識裏面的原初綜合活動爲基礎而進行的同異遞推活動。

　　組對的層次可以說是顯性的綜合，也就是說在意識界裏對比項以顯題化的方式呈現在我們意識之前，我們可以清楚覺知那有差別的項目在進行對比，因此它是一個顯題化的過程，而在這一顯題化的歷程裏面，意識進行一呈現同異的推遞活動。

　　可是在那些顯題化的面向外，對比項還有一個隱性的、潛存的共現配景，[10]它們是對比項在同異推遞的過程中，沒有被特別標示出來的側面。依胡塞爾，這些並現的側面可指時空視域，而顯示在自我顯現上，則爲軀體。胡塞爾運用類比推想隱匿在後面的他我，從而重構自我與他者共在的世界。[11]從後面這個層次來講，胡塞爾推出他我的存在，這就構成了人我對比裏面最原初性的意識說明。

　　從此再推出來一層，我們知道他我的存在，使得我們不是把他者視爲個我的精神的擴充，因此它避免單一自我的過度膨脹，避免他者吞滅在自我不斷的擴充過程中，反而轉過來承認不爲自我所主宰的他我的存在，因此這等於間接承認

9　*CM*, pp. 112-113.
10　*CM* , pp. 113-116
11　後來梅洛龐蒂就曾特別就這一點批評胡塞爾，但這不在本文處理範圍之內。

了一個非我所可主宰的他者的存在，這就能夠避免黑格爾式絕對精神併吞性困局。而正因為承認他者獨立性的重要突破，才使得理解他人的心靈，變成不是從自我推出去理解，而是意圖去運用他人的情境、思維、感覺來理解他者。雖然這種移入作用的動力還是從個別自我出發，但是它已是要充份去考量，要充份移入他人的位置來進行了解的理解方法，這就間接開啓了個我與他者、個我與社會之間溝通對話的意識基礎。[12]因為如果對方不過是個我的投影和展示，這種溝通和對話不過是獨白的變形，而不是有真正對等關係的對話。只有能對他者的獨立自存性有所尊重，才能夠使得真正平等性的溝通對話成為可能。

我們運用現象學對意識層的說明，是希望指出對比哲學出現的原初興趣與境域。從上文提到胡塞爾的意向性的說明中，我們可知在理解過程中，意識中必然呈現對比架構。因此我認為對比是人類認知的深層基礎，或者說是認知的基礎性模態。同時，在組對、並現與移情的三步中，對比運作跳脫獨我論的危機，而呈現互為主體的生活世界（Life World）。我們從個我意識中的對比到主體際的對話，看到平等互重的深層意識基礎。但是對比的重要性不只於此，因為它關連到人的存在模態。

---

12 *CM*, p. 120.

三、對比、理解與人的存在模態
── 一個詮釋學的進路

　　高達美（Hans-Georg Gadamer, 1900- ）在討論理解的時候，特別強調理解是人的存在模式，他在解釋海德格（Martin Heidegger, 1889-1976）哲學之時曾說：「我認為海德格對此在的時間分析已經強力的顯示理解不僅是主體的諸多可能的行為之一，而且是此在本身的存在的模態。」[13]而依照胡塞爾對意向性的說明，我們可知在理解過程中，意識中必然呈現對比架構。是則對比根源性地關連著理解，亦因之而構成此在存在的模式的不可或缺的面向。

　　此中現象學對於結構主義的批判，尤其值得我們注意，因為對比並非像結構主義所談的，由對立的兩元關係構成一個靜態的結構。結構主義的問題在於它缺乏對於主體參與的重視，無形中認為結構內在的關係就決定了一切，因此主體本身的能動性就不受到重視；相反的，對比的方法顯示出一個主體際之間的一種動態關係，使得對比的方法不光是一套有效的操作而已，而是使主體通過對比、溝通、理解造成一個經驗裏面的發展與完成，就此而言，對比不是靜態的結構的描述，而是動態發展的動向。

　　從自我這一個層次我們看到是一個辯證的過程，從主體際的層次我們看到的是一個對話的過程，兩個層次都指向一個新的經驗、統整性經驗的出現，這其中攸關重要的是理解

---

13 Hans-Georg Gadamer, *Truth and Method*,（N.Y.: The Seabury Press, 1975）, p.xviii。

的問題，何以言之呢？因為通過對他者的理解，刺激並擴充自我的經驗，使得經驗邁向發展與成熟，就此而言它推進了歷史與存有，這關鍵的地方可以說是現象學重要的揭示。這是說哲學的探究要從處境來看的，也就是說並沒有所謂純絆的事實，一切的事實都是經過言詮和描述的，因此確切地講，我們必須要透過具體的處境來開始哲學的探索，而具體的處境莫不是在不斷地具體的詮釋的過程裏面，詮釋指向一個意義的豐盈和開放的世界，它使得可能性得以充份的展開，它使得潛能得以充份的發展，就此而言，更加指向一個主體世界的成熟與遠境。在詮釋的過程裏面，我們說到「意義的豐盈」（Surplus of meaning）是因為我們在詮釋裏面促使了境域的融合，這境域的融合就擴充了我們的經驗、豐富了我們的意義，於是帶來了發展與整全。因此，就理解與詮釋這個層次而言，對比指向動態的、歷程性的存在模態。

　　這裡有兩個重要問題必須處理，第一個問題可稱之為主體的無盡分裂問題，第二個問題可稱之為主體性的悖論問題。讓我再進一步說明，依照胡塞爾能意與所意的架構，主體的理解可說必以能所式的對比架構呈現。而主體在理解主體自身的過程中，當然亦訴諸相同的對比架構；其與認知外物特別不同之處，在於其運思形式必為反省性。換言之，主體分裂為兩模式出現，其一為運用對比架構以反省主體的反省性主體，其次為通過反省理解所呈現的主體自身，後者實際上就是主體通過客體化過程所呈現的種種所與。我們的問題是主體在自我理解的認知模式正是分立的對比性架構。由此再推進一步，自我理解既無窮盡之日，則隨此理解之無窮，

自我必陷於無窮分立之局。這就造成主體的無窮分裂的問題。

　　讓我們轉到第二個問題 —— 人類主體性的悖論問題（paradox of human subjectivity），隨著主體的步步自省，層層超越，此一超越的主體，將逐漸擺脫世界，如此則人既為世界的主體，同時也為世界的客體。[14]是則超越主體將與世界斷裂，而失卻整個世界。如此一來，主體的對比昇進終將造成主體與世界之斷離。要回答這兩個問題，我們可從對比的展開談起。

肆、對比的展開：知識學到存有學的轉移

　　我們若追問對比的操作（contrastive operation），可得三大層次。[15]如果用空間性的語詞來作比配，可對這三層次作如下的描述：

一、橫向對比

（一）物物層

　　人的認知，常常先往外認知世界。而最常比較外物與外

14　Edmund Husserl, trans., David Carr, The Crisis of European Sciences and Transcendental Philosophy: An Introduction to Phenomenological Philosophy（Evanston: Northwestern University Press, 1970）, pp. 178-181.

15　筆者此論，曾受沈清松著的〈導論：方法、歷史與存有〉一文的啓發，特別是該文的頁 19-24。但是本文所提的層次，與沈氏所言並不相同。

物的同異。這一層次中，還未自覺的注視主體在認知架構的作用，而僅注意客體的世界。換言之，人僅僅是事象系列中的一份子。這一外向的層次可稱爲形器層。

（二）物我層

人從對外的認知到反溯主體自身，就產生主客分立的局面，而自覺主體的出現反映著人在認知活動中，覺知自身不是所知的對象，而是能知的主體；亦即不再自視爲雜多形器之一，而是認知活動中形器所對之大本。這一能所的區分、主客之分立，在在反映著主體的顯現，是故我們當然不能再稱物我層爲形器層次。但我與物之關係，若只停留在制物爲用的層次，則純爲宰制萬物之心靈的外露。這在現代化過程中尤爲明顯，韋伯（Max Weber）在討論西方在現代化問題時，曾區分工具理性（instrumental rationality）與價值理性（value rationality）。[16]對工具理性而言，合理性在乎行爲所運用的工具是否有效的完成目的。但行爲目的本身的合理與否則非所關心。如此一來，現代化日見深化，而工具理性亦日見高揚；人但問如何達致目的，而不復再問目的之是非，於是私慾肆意橫流，而手段益爲慘烈。就人與自然的關係言，人恆以爲憑恃科技之精，器物之巧，可以掌控自然，爲萬物之新主；於是忘卻人亦爲自然之一份子，而自然環環相扣，呼吸相關，勘天役物，終將身受其害。今之環境污染、生態失衡，人類自食惡果，皆其明證。挪威哲學家吶思（Arne

---

16 參 Max Weber, trans. T. Parsons, *The Theory of Social and Economic Organization*（N.Y.: The Free Press, 1947）, pp. 140-180.

Naess）首倡深層生態（deep ecology）之旨，[17]批判現代工業社會在人與自然關係中的種種錯誤，直指環境生態問題的價值淵源，誠爲深切不易之論。總之，工具理性的濫用，使人類與自然唇齒相依的互利關係，轉成刀俎魚肉的宰制關係。而以此種宰制心靈，施諸人際關係，則愈見支配宰制之機心，計算利害之營謀。雖處人間，尤視他人爲器物，惟審察利害以謀己私，計度主宰以役他人，於是私慾日重，而仁義越遠；權謀日熾，而人情愈薄。康德人爲目的之理想，置若妄聞；行爲自身之正義，棄如敝屣。究其原因，實乃未知承認人爲目的、人爲主體的意義。所以主體的覺知，除自我主體的掌握外，更當覺知他者亦爲主體。個我自身爲目的，而他者亦何嘗不然。但不管是否覺知他者亦爲主體，人恆處於眾人之中，則理性必普及於他者，而遂有人我層之對比。

（三）人我層

而由單一主體的世界進至複多主體的世界，乃有群體社會的體認。於是有個我與他者的對比，有群體與一己的對比，但無論是人我之判、群己之辨，其間之對比涉及的是複多主體的界域，則至爲明顯。當然人自身處社群之復多主體世界，

---

17 參 Arne Naess, "The Shallow and the Deep" *Inquiry*,（16/1973），pp. 95-100。又氏著 "The Deep Ecological Movement: Some Philosophical Aspects" in Susan J. Armstrong & Richard G. Botzler ed., *Environmental Ethics: Divergence and convergence*（McGraw-Hill Inc., 1993），pp. 411-421。呐思一呼百呐，踵武者眾，佛思（Warwick Fox）、德維（Bill Devall）、塞隼思（George Sessions）之徒，蜂出並作，深層生態學遂蔚爲大國。

卻未必尊重主體之深義，故需有上向的超越，超越必含轉變，而轉變則由靜態的存在（being）至動態的變化（becoming），此中又必涉及縱向的對比。

二、縱向對比

以上各層都是橫向的結構性對比，是靜態的分析，如果加入時間向度，則展示縱向的歷程性對比，呈現動態的面向。而大群人生配之以歷史的發展，則已進入文化的層面。

若從單一文化著眼，將某一文化內部之發展進行對比，以彰文化先後賡續的情狀，明因革損益之理趣，則尤為對比文化所常見用心之處；亦文化哲學、歷史哲學根本旨趣所在。近人頗有運用孔恩科學史之「典範」之說以治文化史者[18]，究其關注之點即屬此層。

但世界文化並不單獨存在，隨著全球化的形勢，不同文化之間的對比，轉成大家關注之焦點。通常所謂比較研究多指跨文化的對比而言。現代中國哲學家每多從中西哲學的比較立場，進行研究。其中，前輩學人卓然有成者如梁漱溟、馮友蘭、唐君毅、牟宗三、勞思光等都採取比較的進路來研究中國哲學。

---

18 如 Benjamin A. Elman, From philosophy to philology: intellectual and social aspects of change in late imperial China（Cambridge, Mass.: Council on East Asian Studies, Harvard University, 1984）；及其 Classicism, politics, and kinship: the Ch`ang-chou school of new text Confucianism in late imperial China（Berkeley: University of California Press, 1990.）

三、上向對比 ── 存有與此在的對比

其在個人則為當下生命的反省與規劃，回顧與前瞻。此自非外在線狀時間。因為外在鐘錶時間，是機械性的前進，一往而不復；生命史的時間攸關主體世界，其發展一如長江之水，抽刀斷之，不可得斷。因為人不特圖掌握當下，更常反顧以往，又復企盼將來。事實上，正如海德格所言人是時間性的存有，不能忽視人的時間性（temporality）的存在結構。[19]中國田園詩人陶淵明在辭官歸故里時高唱：「實迷途其未遠，覺今是而昨非。」正是這種時間意識的寫照。而人的反顧與前瞻，就構成對比，就奠下奮進日新、自為超越的可能性。就此而言，對比是有限者追求無限的歷程，更可成為自我滿全（Self Perfection）的動力。而有限者被無限者所吸引，從對比的張力中，產生自我超越的動能，於是奮發不已，日新又新。就對比能產生自我完善這一層言，這可說是上向的對比。

在略談對比的開展問題後，讓我們嘗試回答上一節所提到的兩個問題：「主體的無盡分裂問題」與「主體性的悖論問題」。我們明白對比的展開，落在主體自身上，展現為時間化的回顧與前瞻，而這其實是一個自我深化的理解過程，如是我們就不再自限於反省性的進路，反之，通過海德格詮釋學的立場，我們將自我的反省性建構，轉易為自我的循環性理

---

19 參 Martin Heidegger, trans. John Macquarrie & Edward Robinson, *Being and Time*,（N.Y.: Harper & Row, 1962, 臺北：雙葉書店翻印，1985 年）, pp. 381-396.

解，如是，則靜態對待性的主客兩元，轉成動態循環中的兩
截；亦即自我的建構從主客分裂的兩元，變爲往復相連的兩
截，這一自我關聯的過程，就是自我理解（Self-understanding）。
而在這一自我理解的層次，即使吾人不從事理論性的反省，
在他存在之同時，就已經對己身有一先於理論性的解悟，所
以這種理解是先於主客的區分的。[20]海德格在《存有與時間》
稱這種自我理解的循環爲詮釋的循環（Hermeneutic Circle）。
值得注意的是在此循環中，進行理解的我與被理解的我實共
屬於同一循環中，而不再是主客分立的兩元；換言之，進行
理解的我與被理解的我根本是二而一、一而二的，於是就沒
有胡塞爾無限分裂的問題。

　　同時，正如海德格所言，此在本質上是「在世存有」
（*Dasein* is essentially Being-in-the-world），而對比意識的展
開是離不開世界的，從個己到他我，從社會到文化，從結構
到歷史，在在肯認人與世界的共存。所以對比不像是胡塞爾
的超越自我在層層昇進中，失卻世界；反之，在層層的對比
展開中，異己性的對比項的存在顯示出世界與我人密切的共
屬性關係，我們可以說世界正是對比的展開場域，是對比的
運作條件。

　　由是觀之，從對比的展開我們知道對比避免了上述胡塞
爾的兩大問題；同時，我們更應注意對比不單有知識論的義
涵，更有其存有學的理趣；我們從知識層與存在層這兩方面
初步對對比研究進行反省，可知無論知識建立與吾人自身的

---

20 參陳榮灼著，《現代與後現代之間》（臺北：時報文化公司，1992
　　年），頁 117-119。

發展都需要對比思惟，在這兩方面都明顯地顯示出對比是人類發展不可或缺的思惟向度。在正面敘述了對比研究的內在及外在的理由與基礎後，讓我們看看對比研究的可能反對意見。

伍、典範與翻譯：對比研究的挑戰

在眾多可能的反對意見中，有兩個彼此相關的論點，最引起我的注意。它們是典範及翻譯兩個問題。

一、結構的向度：典範 ── 傳統能不能相互比較、理解？

托馬斯・孔恩可說是當代西方極具影響力的科學史家，一九六二年他出版了成名著《科學革命的結構》(*The Structure of Scientific Revolution*)，在這本著作中他提出科學的發展的模式：由前典範科學 ── 常態科學 ── 革命科學 ── 新常態科學。而典範（paradigm）正是孔恩說明科學發展的最重要創見。不過，典範一詞的確定意義卻十分模糊，馬思特曼教授就曾分析在《科學革命的結構》中，典範一詞有二十二種不同用法，[21]爾後，孔恩在受到多方詰難後，又幾次努力回

---

21 Margaret Masterman, "The Nature of a Paradigm", in I. Lakatos & Alan Musgrave ed., *Criticism and the Growth of Knowledge* (Cambridge: Cambridge University Press, 1970), pp. 59-89. 林正弘曾指出：「孔恩對典範一詞未給予明確的定義，但大致包含下面幾個項目。(a) 明確寫出的定律或理論。…（b）適用基本定律的標

應，[22]所以如果要詳談典範一詞的意思，自然不是本文所可處理，必得另撰專文。

但是籠統的說，典範在希臘文含有「共同顯示」的意思，從而引申出模式、模型、例子等觀念。不過，孔恩的典範理論是要說明常態科學的，眾所周知，孔恩的典範定義並不確定，但是其中一個最常被注意的意義是「含有整套概念、方法學及形上學假設的科學工作的標準範例」。[23]孔恩審視西方科學發展的歷史，指出科學的發展經常依賴科學集團執行，在同一學科中，科學集團對問題的提法，解決問題的方式，乃至答案的方向，換言之，在科學研究進行前，科學家往往從教育過程中，就已經學習了成套的預設，這種種預設就構

準方法。…（c）工具與使用工具的規則也包含在典範之內。…（d）指導研究工作的形上學規則。…（e）方法論規則。」參林正弘著，〈卡爾波柏與當代科學哲學的蛻變〉，收入氏著，《伽利略‧波柏‧科學說明》（臺北：東大圖書公司，1988 年），頁 67-113，特別是頁 92。

22 孔恩的典範觀點並不清晰明瞭，所以提出之後，就受到多方詰難。而孔恩也曾努力回應。參 Thomas Kuhn, "Postscript-1969", in his *The Structure of Scientific Revolution*, (Chicago: University of Chicago Press, 1969), 2nd edition, pp. 174-210. Thomas Kuhn, "Reflections on my Critics", in I. Lakatos & Alan Musgrave ed., *Criticism and the Growth of Knowledge*, pp. 231-278. and Thomas Kuhn, "Second Thoughts on Paradigms" in his *The Essential Tension: Selected Studies in Scientific Tradition and Change* (Chicago: University of Chicago Press, 1977) , pp. 293-319.

23 As Ian Barbour puts it, "Kuhn held that the thought and action of a scientific community are dominated by it paradigms, defined as 'standard examples of scientific work which embody a set of conceptual, methodological and metaphysical assumptions' ". See Ian G. Barbour, *Myths, Models, and Paradigms: A Comparative Study in Science and Religion* (San Francisco: Harper & Row, 1976) , p. 93.

成典範，而科學解釋不過是運用先在地接受了的預設。換言之，照這條思路，理論典範不過是科學集團解決科學問題的工具，這工具充滿了科學集團的共同接受的信念、價值、規範及活動方式。將這種觀點推到極致，則所謂理論不過是科學集團的共識性的信仰，而科學解釋則是這信仰的應用。

　　如果科學解釋其實是不同典範的產物，那麼不同的典範之間又如何能相互了解，我們也可以這樣提問：到底有沒有能夠凌駕不同典範，同時又能溝通不同典範的解釋架構。依照孔恩的典範觀，因爲沒有能夠溝通不同典範的誇典範理解架構，所以典範之間的溝通是困難甚至不可能的。這種典範間的不能相互解釋，構成所謂「不可共量性」的問題。孔恩的典範論及「不可共量性」本來的目的是要解釋科學史的問題，[24]所以它和典範觀密不可分，但是在《科學革命的結構》一書後，孔恩陸續發展他的思想，而不可共量性這一觀念逐漸擴大，而關涉到語言哲學、意義論等問題。[25]但是倘若將

24 有關孔恩的典範及其不可共量的觀在科學哲學上的討論，簡明的請參考 W. H. Newton-Smith, "T.S. Kuhn: From Revolutionary to Scoial Democrat," and "Theories are Incommensurable?" in his, *The Rationality of Science*（Boston: Routledge & Kegan Paul, 1981）, pp. 102-124 and pp. 148-182. 此外，簡明清晰的討論可以參考 Ian G. Barbour, *Myths, Models, and Paradigms: A Comparative Study in Science and Religion,* pp. 92-118. 不過本文的焦點不在科學史或科學哲學，而是將孔恩理論置放在文化哲學來加以考慮。有關應用典範觀的討論，其中最值得注意是 Gary Gutting ed., *Paradigms and Revolutions: Appraisals and Applications of Thomas Kuhn's Philosophy of Science*（Indianna: University of Notre Dame Press, 1980）.

25 比較 Thomas Kuhn, "Commensurability, Comparability, Communicabilty," in Peter D. Asquith & Thomas Nickles ed., *Proceedings of the 1982*

這個原屬科學史的解釋理念，外推到文化的範圍，[26]則不同的文化傳統之間的比較就成爲不可能的。也就是說，如果我們將這個論點置放在更寬廣的上下文，則它挑戰了知識是通過點滴積累不斷成長的觀點，也挑戰了不同理論之間，乃至不同傳統之間可以相互比較、相互量度的觀點。換言之，順著孔恩的思路，諸典範是不可共量，因此相互理解都有困難，遑論典範之間的比較。如果是這樣，傳統自身的對比與傳統之間的對比如何可能？當然這背後涉及相對主義的問題。

二、語言的向度：翻譯的不確定性問題 —— 傳統間的理解是否可能？

要進行對比則必須建立能夠兼容諸對比項的對比架構，同時，也需要能溝通對比項的運作語言，而這就涉及翻譯問題。即我們需要找到能將諸對比項翻譯的語言。對於這個問題，蒯恩教授的徹底翻譯的不可能性極爲重要，[27]必須處理。

Biennial Meeting of the Philosophy of Science Association（East Lansing: Philosophy of Science Association, 1983），pp. 669-688. 這一點多年前就曾承畏友黃偉雄兄的教示，可以參考黃著，《觀察語句、翻譯與不可共量性》（國立臺灣大學哲學研究所碩士論文，1994年6月）。孔恩在 1969 年時並不區分翻譯與詮釋，而 1982 年他在上引科學哲學年會所提論文中，他區分了翻譯與詮釋。本文只處理孔恩 1969 年的觀念。但是有關孔恩的前後變化，可參考方萬全，〈翻譯、詮釋與不可共量性〉，該文收入香港中文大學哲學系編輯委員會主編，《分析哲學與科學哲學論文集》（香港：香港中文大學新亞書院出版，1989 年），頁 73-91。

26 倘若依照維雅納學派的說法，這種擴大應用是所謂「外推」。

27 有關蒯恩這方面的討論，個人認爲最簡明握要的介紹依然是 Bernard Harrison, An Introduction to the Philosophy of Language（N.Y.: The MacMillan Press, 1979），pp. 96-126.

　　我們從孔恩的典範談到蒯恩的翻譯問題，絕非任意的。[28]
但事實上，孔恩在一九四九年取得哈佛大學的物理學博士學
位後，因爲前一年得到哈佛學會初級會員資格的關係，所以
他有三年自由學習期，在這段時間，孔恩攻讀科學史家 Koyre
與分析哲學家蒯恩的作品，孔恩的現代哲學知識其實得諸蒯
恩甚多。[29]而其中攸關緊要的是孔恩典範觀的形成與蒯恩的
翻譯的不確定性論點極爲相干，一九五八到五九年，孔恩與
蒯恩兩人同在史丹佛大學行爲科學高級研究中心擔任研究
員，當時蒯恩的名著《詞與物》(*Word and Object*)正要出版，
因此孔恩讀到蒯恩第二章的手稿，所以蒯恩在《詞與物》的
序言還特別感謝孔恩的批評與意見。[30]而在幾個月後，孔恩
就提出他的典範說，這或足見孔恩的典範說極有可能受到蒯
恩的影響。所以我們在這裡將蒯恩的論點一並檢討，也應是
持之有故的。

　　蒯恩的論點表現出所謂「NB 論旨」(the naturalistic-
behavioristic thesis)，即兼具自然主義與行爲主義的特色。在

---

28 論者或質疑兩人學說的關係，如蒯恩的再傳弟子喬治・羅曼諾斯教
　　授就曾質疑蒯恩本體論的相對性 (ontological relativity) 學說與孔
　　恩不可共量說的關係，參 George D. Romanos, *Quine and Analytic
　　Philosophy* (Cambridge: The Massachusetts Institute of Technology
　　Press, 1983), p. xiv. 喬治・羅曼諾斯是喬治・布理 (George Berry)
　　所指導的博士生，而喬治・布理則爲蒯恩的學生，並在大戰時接下
　　蒯恩所遺的教職。參 W. V. Quine, *The Time of My Life: An Autobiography*
　　(Cambridge: The Massachusetts Institute of Technology Press, 1985), p.
　　160.
29 孔恩就明白的說明蒯恩爲他解開分析與綜合的區分的哲學難題。參
　　Thomas Kuhn, *The Structure of Scientific Revolutions*, p. vi.
30 See W.V. Quine, *Word and Object* (Cambridge: MIT Press, 1960), p.
　　xi.

行為主義方面，蒯恩運用刺激反應模式建立意義理論，從刺激反應就導出所謂刺激意義（stimulus meaning）。在學習語言時，人們是依照感覺證據而提出詢問，而在得到同意與反對的回應時，就掌握語言的意義。所以刺激意義就當然有肯定與否定之分，某語句的肯定性刺激意義（affirmative stimulus meaning）是當某說話者在某時點面對一整組的刺激時，他會認同這一語句。反之，就是否定性刺激經驗（negative stimulus meaning）。[31]換言之，它的形式定義是：語句 S 對說話者 a 在 t 時點上的刺激意義，是兩集合的有序偶（Σ, Σ'），Σ 是使 a 在 t 時同意 S 的刺激的集合，而 Σ' 則是使 a 在 t 時不同意 S 的刺激的集合。

根據對感覺刺激的依賴程度，蒯恩將語句區分為情境語句（Occasion sentence）與穩定語句（Standing sentence）兩大類，[32]大致上說，情境語句是在的刺激下取得即時意義，而穩定語句則在沒有情境的即時刺激下，依然在不同使用中，產生固定的意義，讓說話者同意檢視其真值。

為了說明徹底翻譯的不可能，蒯恩提出一個想像的情況。假定現在有一語言學家到土著社會進行語言田野工作，

---

31 Quine, *Word and Object*, p. 32.
32 依照蒯恩所提供的例子，情境語句有：
   Gavagai。嘎瓦垵
   Red 紅。
   It hurts. 它痛苦。
   His face is dirty. 他的臉是髒的。
   而穩定語句則有：
   There is ether draft. 這裡有以太流。
   The crocuses are out. 藏紅花開了。
   The Times has come. 時代週刊已經出刊。
   例句見 Quine, *Word and Object*, pp. 35-36.

因為從前沒有外人來過，也沒有任何翻譯手冊，這位語言學家只好自己嘗試建立翻譯手冊。根據上述刺激意義的想法，他試圖從土著的發聲（utterance）與外在刺激的關連，測定進行翻譯的兩個語言之間的語意對應關係。假定土著看到白兔跑過，而土著發出 Gavagai 的聲音，Gavagai 可以視為刺激意義。但是語言學家可不容易知道應該如何翻譯，他可以將 Gavagai 翻譯成兔子、白兔、兔腿、跑過去的兔子，兔子的一部份，甚至白色、動物等等都可以。[33]他甚至可能不知道 Gavagai 是一個多音節的單字，還是由 "Gava" 與 "Gai" 兩「字」合成的句子。蒯恩說：「從某一語言翻譯到另一個語言，可以設立許多互不相同的手冊，這些手冊彼此並不相同，但跟語言傾向卻很一致。」[34]簡單的說，因為無法建立刺激經驗與語言反應之間固定而單一的連結，所以人們可以建立多個翻譯手冊，因之翻譯的確定性成為不可能。

　　蒯恩顯然挑戰了常識對獲得概念的理解，因為在常識中，人們認為實指定義（ostensive definition）是人們學習概念的有效手段。但是在上述語言學家的例子中，當語言學家

---

33 In Quine's own words: "Stimulus synonymy of the occasion sentences "Gavagai" and "Rabbit" does not even guarantee that "Gavagai" and "Rabbit" are coextensive terms, terms true of the same things. For, consider "Gavagai." Who knows but what the objects to which this term applies are not rabbits after all, but mere stages, or brief temporal segments, of rabbits? In either event the stimulus situations perhaps the objects to which "Gavagai" applies are all and sundry undetached parted of rabbits; again the stimulus meaning would register no difference." See W.V. Quine, *Word and Object*, pp.51-52.

34 Quine, *Word and Object*, p. 27. 中文翻譯是據黃宣範先生的翻譯修改的。黃譯見黃宣範著，《語言哲學 —— 意義與指涉理論的研究》（臺北：文鶴出版有限公司，1983 年），頁 242。

看到土著指著對象,而口中說著 Gavagai 之時,語言學家還是無法提供確定的翻譯,所以實指定義並非十分有效的學習手段了。這種指稱的困難,蒯恩稱之爲「指稱的不可測性」(inscrutability of reference)。事實上,僅有行爲證據並不足以確定 Gavagai 的所指爲何,所以指稱不可測知。蒯恩更認爲實指定義的掌握還是有賴於我們先行對其他字的字義有所理解。[35]所以蒯恩又提出有名的論題 —— 本體論的相對性(ontological relativity),他認爲除非指稱是相對於一個協調的體系,否則就是沒有意義的。[36]

論者或認爲翻譯的不定性帶來對比研究的是否可能的問題。這種思路基本上將翻譯的不定性與不可共量性掛鉤,不可共量則無法比較,所以「必須接受翻譯的不可決定性」。[37]反過來說,因爲翻譯是溝通比較的工具,如果無法確定翻譯,則無法理解不同的傳統,如此則不同傳統之間的對比便成爲不可能。

陸、從麥金太耳看對比可能性的再貞定

在上一節中,我們提出了兩個反對的意見,現在我將在

---

35 這當然反映著蒯恩的整體主義的立場。
36 Quine, *Ontological Relativity and Other Essays* (New York: Columbia University Press, 1969), p. 48.
37 筆者是受到香港中文大學石元康教授的啓發而開始注意這個問題,參氏著,〈傳統、理性與相對主義〉,收入氏著,《從中國文化到現代性:典範轉移?》(臺北:東大圖書公司,1998年),頁 25。

第六及第七節中嘗試檢討並回應這兩方面的意見。上述這一將不可共量與典範觀點抽離科學史的討論,而帶到文化傳統的思路,與我們的對比研究的討論最為相關。參與這個問題的討論的學者甚多,其中最引起我的注意是倫理學家麥金太耳。[38]

麥金太耳入手處與孔恩極為不同,他不是專攻科學史或科學社會學的,麥金太耳一直關心倫理學問題。在《追求德性》(*After Virtue*)一書中,[39]他認為現代道德已經陷入危機,他反對如尼采般將道德視為個人的感性偏好,他力主找回亞里士多德道德哲學的傳統,用麥金太耳的話:我們必須在尼采與亞里士多德中作出選擇。這裡就帶出在甚麼合理的基礎上,我們可以對不同傳統做出選擇的問題,而這就構成《誰之正義?何種公正性?》(*Whose Justice? Which Rationality?*)[40]一書的關鍵,在這本書中,麥金太耳試圖回應相對主義的立場,麥氏不但承認不同傳統是可以比較,而且通過理性的運作,「傳統的合理性」會迫使活在該傳統之下的人們對比優劣、截長補短。其次,麥氏從立足點立說,假定有人的立足

---

38 麥金太耳的「傳統的理性」與「知識論的危機」兩觀念與本文論旨最為相關。有關麥氏這些論點,簡明握要的討論可參石元康著,〈傳統、理性與相對主義〉,頁 3-28。

39 Alasdair MacIntyre, *After Virtue* (London: Duckworth Press, 1981). 有關麥金太耳的討論,我參考的是 Gary Gutting, "II. Alasdair MacIntyre: A Modern *Malgre Lui*" in his *Pragmatic Liberalisn and the Critique of Modernity* (Cambridge: Cambridge University Press, 1999), pp. 69-112.

40 Alasdair MacIntyre, *Whose Justice? Which Rationality?* (Notre Dame, Indiana: University of Notre Dame Press, 1988).

點是站在各傳統之外，他顯然是對各傳統都是陌生的；但反過來說，假如他在某一個傳統之內，他就會接受該傳統的想法而不會提出挑戰。

當然麥氏對相對主義的反駁並不見得都被接受，石元康教授就曾指出麥氏並沒有窮盡一切可能性，所以提出雙母語的人士來反駁麥氏的論點。[41]我們甚至可以想像生活在不同文化傳統交會區的人，他們自然而然暴露在不同語言、不同傳統的影響下，如新加坡人，幾乎一生下來就受幾種文化及語言所影響。我無意替麥金太耳作全盤辯護，更不打算主張麥金太耳的哲學，但是我認為麥氏的想法也有足以進一步發明之處。

首先，我認為如麥金太耳般運用孔恩的典範論來談傳統的比較問題，其重點在於說明不同的傳統就如同不同的典範一般，是不可比量的。我想這一點是可以回應的，因為不可以共量，並不代表不可以對比，事實上假如有人提出某些傳統是不可共量的判斷，這判斷本身就是建立在對比操作的基礎上，也就是說這個不可共量的判斷是某種意義的比較結

---

41 我認為石教授的質疑並不徹底，因為即便雙母語人士能避免翻譯問題，翻譯問題並沒有消失，因為當這些雙母語人士學習第三國的文化之時，翻譯的問題依然存在。也就是說，只要有人意圖理解母語外的異文化傳統，就必然出現翻譯的問題。此外，石教授又說：「由於麥肯泰爾贊成兩個相互競爭的傳統有不可共約之處，因而無法比較，所以他必須接受翻譯的不可決定性這個論旨。」引文見氏著，〈傳統、理性、與相對主義〉，頁 25。有關麥金太耳的論點，參考 Alasdair MacIntyre, "Tradition and Translation," in his, *Whose Justice? Which Rationality?*, pp. 370-388.

果。[42]事實上，孔恩本人也區分不可共量與不可比較兩點，[43]
因此不可共量與不可比較根本是兩個問題，不可混爲一談。

　　當然，也許有人會說不可共量的根本意旨在於無法找到
一合理的共量基礎（rationally justifiable ground），所以無法
判定優劣。[44]我認爲這種提法側重共時性（synchrony）而忽
視歷時性（diachrony）。[45]換言之，這種做法是要將不同典範

42　W. H. Newton-Smith is certainly right in pointing out that "But one
　　wants to know how theories can be incompatible if incommensurable.
　　There must be some sense in which they can be compared if the
　　judgment of the incompatibility can be justified." See W. H.
　　Newton-Smith, *The Rationality of Science*, p. 149.

43　孔恩就曾特別說明不可共量性是借用數學的術語，正如人們可以選
　　用不同的精度去比較等腰三角型的斜邊與直邊，但是卻找不到可以
　　用來直接與精確的測量兩者的長度單位。Thomas Kuhn, "Theory
　　Change and Structure Change," in Robert E. Butts and Jaakko
　　Hintikka ed., *Historical and Philosophical Dimensions of Logic,
　　Methodology, and Philosophy of Science*,（Dordrecht; Boston: D.
　　Reidel, 1977），pp. 300-301.

44　*Ibid.*, p. 148.

45　結構主義語言學之父索緒爾（F. de Saussure）在《普通語言學教程》
　　（*Cours de linguistique generale*）一書曾提出這一區分。索緒爾指
　　出：「確實，任何科學如能更仔細地標明它的研究對象所處的軸線，
　　都會是很有益的。不管在甚麼地方都應該依照下圖區分爲：（1）同
　　時性的軸（AB），它涉及同時共存的事物彼此的關係，在此排除一
　　切時間的介入；（2）連續性的軸（CD），在此人們每一次只能考慮
　　一件事物，但其中亦置立了第一軸的一切事物及其變遷。」引文見
　　原書，頁 115-116。中譯文主要參考的是高名凱譯，《普通語言學教
　　程》（北京：商務印書館，1980 年 11 月初版，1996 年 4 月初版 4
　　刷），頁 118。另據沈清松的譯文修改，沈譯見氏著，〈結構主義之
　　解析與評價〉，收入氏著，《現代哲學論衡》（臺北：黎明文化事業
　　公司，1985 年），頁 263。有關索緒爾的理論，可參考喬納森‧卡
　　勒著（Jonathan Culler），張景智譯，《索緒爾》（臺北：桂冠圖書公
　　司，1993 年），頁 26-37。參考徐通鏘著，《語言論 —— 語義型語言
　　的結構原理和研究方法》（吉林長春：華東師範大學出版社，1997
　　年 10 月），頁 56-66。

的不可共量性類比不同傳統之間的不可比較性，它的重點在共時性的結構對比，而忽視歷時性的演變對比。

　　而對歷時性的重視是高達美與麥金太耳的理論。上文已經稍爲說明高達美的「視域融合」的想法，我們現在轉而集中解釋麥金太耳「傳統的理性」這一觀點。簡單的說，人是活在文化傳統之下的，自然很容易受到文化傳統的洗禮，我們了解觀察解釋事物的模式，往往受到傳統的影響，但是當我們面對新的挑戰和問題的時候，而傳統文化所提供的知識架構卻又不能解決新出現的問題，甚至根本不能了解以及說明新的問題，則我們可以說知識論的危機就產生了，當然不是說新的問題一出現就必然導入知識論的危機，有些時候傳統文化在面對新挑戰的時候是能夠說明並解決這些問題的，換言之，傳統文化的精神支援才有一定的動力，而在成功回應新問題之後，我們甚至看到傳統文化變得更爲豐富、成熟。傳統文化能夠有效地運用原有的精神資源，回應當前種種新困難。這個時候我們只看到傳統文化的調整、擴大乃至更新，而沒有所謂知識論的危機。但是有時候新的問題是極爲陌生的，在那個傳統之下的知識份子，即使極力運用傳統已有的種種資源，也無法解決問題，甚至無法有效地理解、說明問題，則就產生了知識論的問題。我們可以簡單的說，當前一情況出現的時候，人們會覺得問題是人們無法有效運用傳統資源解決新問題，問題在人；當後一種情況出現的時候，人們會覺得傳統無法有效地解決新問題，問題在傳統自身。

　　我認爲麥金太耳所謂傳統的合理性這一觀念，其實和高達美的視域融合的基本義旨是非常接近的。跟我們現在的討

論最相關的觀念是，無論是麥氏的傳統合理性的構想，或高達美視域融合的提法，其基本義旨都指向在靜態的結構之外，傳統有其動態的創生的演變的歷程。從結構主義的提示，我們作共時與歷時的區分。共時性結構重視不同的份子橫向的相互關聯所構成的系統結構，而歷時性則重視份子在縱向的時間變化之中相互關聯的特性。在這個分判下，即便在某一個時段某些傳統之間出現了不可共量的成份，這並不代表人們在運用理性的能力不能發展出可以共量，甚至可以共容，甚或是相互豐盈的新傳統，不管我們稱之為傳統合理性的產物，抑或是視域的融合，其實都是說明傳統的自我更新、創新的演變過程，簡單的說，科學理論的典範或可以只強調靜態結構的關係，但傳統的對比則儘可以涉及動態的演變。我們明白對比是理解的進程，正如海德格所說理解是對未來可能性的開放，這就指向歷時性的向度了。基於這個歷時性的理解，我認為即便承認傳統在某一時空中，有不能共量的成份，但仍然不能否定傳統在繼續相互摩盪刺激的過程後，產生視域融合的可能性，而在這新變化中，傳統間就可以比量了。

更重要的是我們得區分產生傳統的理性能力，與理性能力所產生的傳統二者，前者是指人類內在本有的一種思維能力，後者則指人類運用這種能力所產生的種種不同文化成績。當我們說兩個傳統是不可以共量，其實指的是兩個傳統的文化成績中有某些不能互相比量的成份。或者是說人類在運用理性所創造出來的某部份文化成績，是封閉在某一個特定時空裏的，抽離那特定的時空，這特殊的文化成績，不但

失效，而且對另一個時空來說可能是難以理解的，因之形成
所謂不可共量的問題。但是分析這個立場所說的不可共量
性，我們可以說它是站在理性能力所產生的傳統立說的，這
個立場並沒有挑戰到人類所擁有的創生傳統的理性能力，更
沒有挑戰能夠進行對比操作的理性能力。如果從「能」與「所」
的區分著眼，則不可共量性只觸及理性所產生的文化傳統，
而沒有挑戰到能夠產生文化傳統的理性基礎。

　　當然在傳統努力回應新問題的時候，我們當注意其背後
所訴諸的標準。換言之，我們得留意經傳統合理性所孕育生
產的結果，到底是必然的結果，抑或是不得不然的結果，還
是應然的結果。麥金太耳既然說是傳統的理性，就表明這是
經過一理性的別擇過程，那麼通過傳統的理性而產生的回應
結果，就不純粹是外在客觀形勢所決定，而至少是兼有理性
運思的結果。這種種結果就是，或者至少部份就是理性能力
對新變局的回應，當然這個回應是否成功是另一回事了，因
為理性的回應不一定是成功的回應。但是從歷史上看，異文
化的接觸常常帶來文化的挑戰與更新的努力，例子所在多
有，不勝枚舉。[46]假如我們接受傳統的合理性這一論點，我
認為在這裡我們可以建立這樣的肯定：「在眾傳統因相遇而引
發的傳統對新局的回應中，人擁有對比反省以求新生的理性
能力。」而這一對理性對比能力的肯定就保住進行對比活動，

---

46 有關中國文化與外來文化在國史上的種種挑戰與回應情況，可參考
　唐君毅，〈中國文化之原始精神及所經歷之挑戰與回應而形成之發
　展〉，收入唐君毅著，《病裡乾坤》（臺北：鵝湖出版社，1980 年初
　版，1984 年初版 2 刷），頁 81-101。

以及理解乃至融合的可能性。

柒、從詮釋學看對比可能的再貞定

　　現在讓我們嘗試本詮釋學的立場回應蒯恩的問題，蒯恩的翻譯理論是在站在語義學的立場來說的，蒯恩一方面不接受獨立語言之外的意義，另一方面又企圖通過刺激經驗來建立語言與經驗的對應關係，而因為在面對同樣的刺激經驗時，人們可以得出不同的翻譯，因此就構成了翻譯的不確定性。蒯恩的論旨在語言哲學方面，引起極多的討論，本文不是專技性的語言哲學論文，自然無法在這方面深入討論。[47]我從對比的展開必待於他者，甚至整個社會看，則蒯恩的觀點難免株守於語意層次，而離脫日常生活世界。如果我們回到我們的生活世界，重新考量語言，我們將得到相當不同的看法。

　　但是有人可能已經急不及待反對將回到生活世界的現象學提法，強加諸蒯恩身上。我的看法恰好相反，我認為蒯恩當同意回到生活世界的思路。正如上文所述蒯恩所持的是 NB 論題，所以他相信「語言是一種社會技藝，而且如果要學習語言，我們必須完全依賴主體之間可以取得的線索從而決定

47　有關這方面的討論，簡明的可以參考 Michael Luntley, *Contemporary Philosophy of Thought: Truth, World, Content*（Oxford: Blackwell Publishers Ltd., 1999）, pp. 183-200.其中並較為詳細的討論到 G. Evans 及 C. Hookway 的論點，握要清晰。

說甚麼以及甚麼時候說。」[48]因為他人與社會的所提供的公共且可以觀察認識的刺激與反應,才是確定意義的有效手段。蒯恩這種行為主義在下面這段話,表現得更清楚:「語言是一種社會技藝,我們大家都只是根據別人在公共可認識的環境下的外在行為來學到這種技藝。」[49]換言之,語言的學習必須通過社會,通過相互主體的生活世界來掌握語言的意義。既然如此,我認為蒯恩應同意現象學與詮釋學回到生活世界的提法。

在上文中,我們指出對比思惟的意識基礎,是為了將對比研究從方法論層次上提到人的存在層次來思考問題;人的存在緊扣著思惟,而思惟離不開對比。根本上,對比的操作排除了獨我論的危機,而指向他者與世界。本來在意向性的分析中,胡塞爾就明白指出意識總是意識著某對象,意識的指向性奠立了對比操作的意識基礎,以開放性替代了對意識的封閉性了解。在對比的操作中,我們當注意語言使用的層次,在日常生活世界中,人使用語言原是為了對話溝通,所以對比的認知基礎雖然在意識層,但是在運作層面則必然有待於語言。到了海德格及高達美手上,他們就更重視語言的開放性、豐富性了。這裡有一極關緊要的分別,同樣是要從生活世界的語言運用中掌握意義,蒯恩追求語意的確定性。但是因為指稱的不可測、翻譯的不可能,於是導出相對主義的論旨。反之,詮釋學對生活世界的回歸,則正視語言的開放性、歧異性。

---

48 W.V. Quine, *Word and Object*, p. ix.

49 Quine, Ontological Relativity and Other Essays, p. 26.

　　這其中的差異其實透露出歐陸哲學跟分析哲學的異趣，籠統的說分析哲學反映出對確定性的追求，當然人們常常希望世界是確定的、條理的、簡明的，因爲這樣的世界才方便理解與掌握，所以人們自然也希望能夠建立符號與意義的固定關係，而且更要將這個固定關係單純化，最好達到一對一的清晰又穩定的符應關係，以便將意義有一穩定性。但是從詮論學的立場看來，這一種的穩定性，實際上等於意義的枯槁。羅蒂在《哲學與自然之鏡》一書曾指出西方當代哲學的兩大取向，他認爲當代西方哲學在歷經所謂「語言的轉向」後，雖然都重視語言問題，但是卻展現爲兩大極不相同的趨向，羅蒂分別稱之爲系統哲學與教化哲學，系統哲學努力將哲學建立得像科學一般，所以往往致力消除語言的多義性，而以精確化、邏輯化爲標的，而教化哲學則努力保持想像的空間，所以強調語言的多義性、隱喻性及意義的衍生性。[50]

　　從實際的語言使用來看，語言永遠開啓無限的詮釋空間，而正是這個「無限空間」的出現使意義得以豐富化，無限空間正是多樣性與創造性的根源。

　　高達美就特別從交談、對話來讓重新認識翻譯，他提到

---

50 Richard Rorty wrote, "Great systematic philosophers, like great scientists, build for eternity. Great edifying philosophers destroy for the sake of their own generation. Systematic philosophers want to put their subject on the secure path of a science. Edifying philosophers want to keep space open for the sense of wonder which poets can sometimes cause wonder that there is something new under the sun, something which is not an accurate representation of what was already there, something which（at least for the moment）cannot be explained and can barely be described." R. Rorty, *Philosophy and the Mirror of Nature*（Princeton: Princeton University Press, 1979）, pp. 369-370.

同步口譯的例子。翻譯不可能是機械的翻譯辭典、翻譯手冊的查用，它必然牽涉到交談，他理解並進而翻譯。這個過程就涉及了譯者的解讀，而不可能有機械性的對應翻譯，換言之，翻譯必然有待於主觀的理解，而不能乞靈於人工的翻譯手冊的出現。

更根本的說，從詮釋學的立場看，語言並非工具，而是我們生活的世界呈現自己的方式，本來人生下來就被他的母語所包圍，人是在語言中成長的。[51]而對文化傳統的理解也是通過對話來完成的，所以理解傳統是以語言性爲特徵。而因爲理解的差異構成意義的豐盈，所以傳統的意義並非固定的對象，而是一個在人的不斷參與下，不斷在現在及將來展現其生命力的現象。在此意義下，傳統不是凝固在過去的意義，而是開放的人的存在狀態。從海德格的啓示，我們知道理解實爲對未來的可能性之把握，所以理解傳統實是對未來的開放，而高達美進而指出視域在理解的配景角色，而視域就不只是未來的可能性而已，而同時更植根於過去的歷史。歷史傳統構成吾人立足當下，而向世界開放的依據，所以當

51　Hans-Georg Gadamer in his "Man and Language" clearly stated that "language is not one of the means by which consciousness is mediated with the world. It does not represent a third instrument alongside the sign and the tool, both of which are also certainly distinctively human. Language is by no means simply an instrument, a tool...Rather, in all our knowledge of ourselves and in all knowledge of the world, we are always encompassed by the language that is our own. We grow up, and we become acquainted with men and in the last analysis with ourselves when we learn to speak." See Hans-Georg Gadamer, David Linge trans. and ed., *Philosophical Hermeneutics*（Berkeley: University of California Press, 1977）, pp. 59-68, esp. p. 62.

前的視域是開放的、是不斷的形成的。正如高達美在《真理與方法》一書中明確的說：

> 確實，當前的視域被認為處於不斷的形成之中，因為我們必須不斷檢驗我們的偏見。在這種檢驗中，同過去的接觸以及對我們從中而來的傳統的理解並不是最後的因素。因此，當前視域的形成決不可能離開過去。幾乎不可能存在一種自在的當前視域，正如不可能有我們必須獲得的歷史視域一樣。毋寧說，理解活動總是這些被設定為在自身中存在的視域的融合過程……在對傳統的研究中，這種融合不斷地出現。因此，新的視域和舊的視域不斷地在活生生的價值中匯合在一起，這兩者中的任何一個都不可能被明顯地去除掉。[52]
>
> （底線提示重點，為本文筆者所加。）

　　而因傳統藉語言呈現，所以我們可以說語言是儲存傳統的蓄水庫（高達美語），而理解則是面向未來的（海德格語）。綜合起來，傳統藉助語言而使得過去、當下、未來共同形成一動態的互動關係，其結果則為視域的融合，而由是可知，視域融合也就是立基於語言的。

　　跟在縱向的與傳統的對話一般，高達美認為橫向的與他者對話也會產生視域融合。在「對話」中的雙方雖然都是獨立的主體，但是對話的進行並不受說話者的主觀意志完全支配，交談本身也引領著說話者，交談的出現等於宣示了視域的融合的可能性。呂格爾就曾指出通過交談，人們突破了符

52　（德）高達美（Hans-Georg Gadamer）著，洪漢鼎，夏鎮平譯，《真理與方法》（臺北：時報文化公司，1995年），頁289。

號世界的封閉性。[53]而正如同詮釋文本會展開文本與讀者的視域融合一般，翻譯也就是一種詮釋的過程，通過這個過程不同傳統能夠因著語言的通譯而達到視域融合的結果。蒯恩要求語言的確切性，這種確切性的取向，如果推到極端最終將迫使語言一如邏輯、數學般只容許語言的單義化。可惜，人類的語言就是多義的。其次，交談乃至詮釋其實都涉及共同創造的過程，意義的延續過程其實正是意義的創造過程。明乎此，則翻譯不確定性的問題其實不必過於擔心，義大利名言 *Tradutore, traditore*（譯者即叛徒）早就指出翻譯不可能是忠實的。從詮釋學的理解，我們可以知道不管是古文之譯為今文，抑或外語之翻為國語，其實不必然先求得科學語言般的精準性，就在不斷開放性誤讀中，融合的新視域也將慢慢出現。

事實上，回顧詮釋學的發展，我們發現各家所強調的理解對象並不相同，從狄爾泰到呂格爾，詮釋學就出現了幾次重大變化。首先，詮釋學將解釋的對象由作者的主觀世界、心理狀態轉向作品的內在意義與所指對象。例如史萊馬克就重視原典的文法詮釋與技術詮釋。後來，因為現象學的觸發，詮釋學在海德格手中擺脫實證科學如心理學的陰影，而邁向存有學的探索。高達美反省啟蒙精神的兩大表現，即強調理性與否定傳統，而從效應歷史等觀念從新肯定傳統、權威與成見的合理性。呂格爾努力克服傳統詮釋學的弱點，他認為

---

53 Paul Ricoeur, Robert Sweeney trans., "Structure, Word, Event", in *Philosophy Today*, Vol. XIII, No. 2/4 （Summer 1968）, pp. 114-129.

詮釋學不能封限在存有論式的基礎分析，[54]他通過對方法的重視要詮釋提升至以理解另一在世存有（In-der-Welt-Sein）為目的，所以理解是理解一個世界。綜合的說，就理解的對象看，狄爾太強調作者心靈，海德格則在乎存有自身的顯現，高達美則強調由傳統的理解而來的自我理解，而到了呂格爾則強調文字所展開的世界。從這些發展，我們看到由符應的真理觀（Truth as correspondence）慢慢轉變爲融貫的真理觀（Truth as coherence），簡言之，從詮釋學的發展看到從早年注意解釋是否符合作者本意，變爲解釋是否能和當下我的世界融合無間。詮釋學的新近發展實際上反映了對融貫真理觀的重視。而融貫百家的努力則有待於對比研究的落實。

捌、結 語

我們從區分方法與方法論開始，首先點出方法論的特性在於它的反省性，而反省對比研究的理由與基礎，自外言之，我們看到全球化的趨勢，客觀上形成對比的需要，而自內言之，則對比基礎正在人的深層意識結構。而從對比的展開，我們分別回應「主體的無盡分裂」與「主體性的悖論」兩個可能的問題。接著本文介紹了典範與翻譯兩個相對主義的挑戰，並提出我的回應。而回應的重點則在指出在詮釋學的視

---

54 See Paul Ricoeur, John Thompson ed. & trans. *Hermenutics and the Human Sciences,*（Cambridge: Cambridge University Press, 1982）, pp. 63-128.

野下，對比操作無論從交談到文本的解釋，都指向相互（inter）
到互滲（intra）的創造性歷程。

　　在這個角度下，也許我們應反省到在邏格斯中心主義的
侷限，爲了知識的確定性，人們習以爲常地要求意義的精確
（precise）之上，精準是要求排除混淆與歧義，在語言的運
用上就表現爲語碼的單義化，意義的單一化。但是精準未必
如實（actual）。[55]那麼我們是否徹底放棄對意義的精確性的
追求呢？是否相對主義就必然導致普遍性的喪失呢？我想詮
釋學的立場會認爲開放性與精確性並不是一個非此則彼的選
擇問題，因爲這種提法只從靜態的結構考量，如果從動態的
發展加以把握，詮釋的視域融合的可能性就保住產生普遍與
確定意義的可能性。而如同上文所述，我們在詮釋學的發展
中，看到語言與真理觀的重大變化，近代哲學傳統重視知識
論，爲了追求知識的客觀精確性，哲學家要求將語碼與所指
的關係固定化，追求語言確定的符應所指。但現代詮釋學的
發展則將融貫的真理觀推到高峰。在層層對比操作中，我們
看到視域的層層開展，普遍性的層層擴大。換言之，在新生
的融合視域中，就可能產生能夠滿足原來對普遍性要求。只
要詮釋的歷程不斷，對比不斷，而開放性亦將不斷。無論特
殊與普遍、一元與多元都可以在動態的對比歷程中得到安頓

55　有關這一區分筆者受到吳光明教授的啓發，吳教授於一九八八年在
　　國立臺灣大學歷史系主講梅洛龐蒂一課，從字源學分析 precise,
　　accuracy, actual, concise, exact 等字，勝義紛披。惜筆者未見吳教授
　　將他的論點正式爲文發表，無法正式徵引，謹依學術慣例，說明論
　　點來源。但吳教授部份論點仍然見於他的著作中，如吳氏著，《歷
　　史與思考》（臺北：聯經出版事業公司，1991 年），頁 34-35。

的可能。

　　本來順著現象學的啓示，我們理應回歸事物的自身。在除卻邏格斯中心的包袱後，讓詮釋、翻譯乃至傳統的對比等等各各回到自身，如其所如的呈現，則首先見證詮釋的開放性必先於意義的精確性，精確常是後來人爲努力的結果，而混淆、歧義反而是常見的。混淆與歧義的察知是對比意識的覺醒的結果，而混淆與歧義同時也是驅使人們理解、釐清甚至調和、融合的動力，因此不能僅將混淆與歧義視爲理解的障礙，反之，混淆與歧義使理解成爲可能。也許我們更應珍惜混淆與歧義所顯示的多元性與開放性，而多元性與開放性正是對比視域的來源與展開，也是文化創造的活水泉源。

　　要之，對比是一種距離化（distanciation），但是距離化並不是代表我們安於道術將爲天下裂，反之，距離化可說是曲成萬物的迂迴，在層層對比中，開放的照應著多元的世界；而另一面在層層對比中，又不放棄道通爲一的視域融合的前景。是則對比不只有方法論及知識論的層次，而更有其本體論的義蘊。

第二章 唐君毅先生論超越界的介述及反思

─ 以歸向一神境為中心

壹、引 言

人文主義是當代港台新儒學的其中一個重要特色，唐君毅（1909-1978）先生是當代港台新儒學的領袖之一，也是中國當代人文主義的重要倡導者，他的《人文精神之重建》、《文化意識與道德理性》、《中國人文精神之發展》、《中國文化的精神價值》等作品[1]，都明顯地透露出人文主義的精神，事實

---

1 《人文精神之重建》上、下冊（香港：新亞研究所，1955 年），本文用的是全集校訂版全一冊（臺北：臺灣學生書局，1984 年）。值得注意是全集本刪去原版的「人文主義之名義」、「學術思想與民主自由」及「懷鄉記」三文。
《中國文化之精神價值》，本文使用修訂版，（臺北：正中書局，1987年），是書 1953 年初版，亦由正中書局出版。
《中國人文精神之發展》，（臺北：臺灣學生書局，1984 年），是書初版於 1957 年由香港人生出版社出版。
《文化意識與道德理性》，是書初版於 1958 年由香港友聯出版社出版。本文使用一冊的全集校訂版，（臺北：臺灣學生書局，1984 年）。

上，我們可以說人文主義無疑是唐先生論學的樞紐所在。

但是人文主義是一歷史悠久、內容龐雜且支脈繁多的重要思想文化傳統，要對這樣一個傳統下一簡明的定義，幾乎是不可能[2]；不過無論如何，近代西方人文主義有一重要特徵，它的無神論或不可知論，使它與有神論常被視為對立的思潮[3]。當然正如一般宗教競爭，有對立，自然有溝通和調和，所以也有人倡言基督教人文主義（Christian Humanism）[4]等結合人文主義與有神論的宗教思想，但就二十世紀人文主義的主流言，它的無神論或不可知論的特色是很明顯的，更常與廣義的科學主義和經驗主義結合，不但延續與傳統宗教的對立，甚至要取而代之，成為新宗教。[5]

---

2 有關西方人文主義在歷史上的發展，可參考 Alan Bullock, *The Humanist Tradition in the West*,（N.Y., London: W.W. Norton & Company, 1985）.

3 1984 年哈佛的 J.A.C. Fagginger Auer 與耶魯的 Robert Calhoun 分別代表人文主義與基督教的論辯，是這兩大思潮在當代較為著名的直接交鋒；在這此討論會後 Calhoun 教授舉薦他在耶魯的同事 Julian Hartt 替代他，和 J.A.C. Fagginger Auer 在原來討論稿的基礎上，撰成 *Humanism versus Theism*（The Antioch Press, 1951）一書，是書在 1981 年由 The Iowa State University Press 再版，新版另加入 E.D. Klemke 的序。至於儒學的人文主義則到今天還吸引學者的興趣，這方面近年較重要的出版品有 Andrew Chih, *Chinese Humanism: a religion beyond religion*（Taipei: Fu Jen Catholic University Press, 1981）. 而杜維明先生等所編著的意見交流集，其中部分也可參考，Tu Weiming, Milan Hejtmanek and Alan Wachman eds. *The Confucian World Observed: a contemporary discussion of Confucian Humanism in East Asia*（Hawaii: The East-West Center, 1992）. 特別是 pp. 74-75 及 pp.107-132.

4 參考 Diogenes Allen, *Philosophy for Understanding Theology*,（Georgia: John Knox Press, 1985）, pp.157-59.

5 有關這方面，筆者參考的是北美人文主義耆宿 Corliss Lamont 的 *The*

　　對唐氏來說，人文主義卻不應排斥宗教，真正的人文主義並不能自囿於俗世而應對超越界開放，唐先生不但主張傳統中國文化精神源於敬天，更以為對天地鬼神的尊敬，是未來中國宗教的基礎，他說：「吾於中國文化之精神，不取時賢之無宗教之說，而主中國之哲學、道德與政治之精神，皆直接自原始敬天之精神而開出之說。……余於中國宗教精神中，對天地鬼神之觀念，更特致尊重，兼以為可補西方宗教精神所不足，並可以為中國文化未來之新宗教之基礎。」[6]如果我們稱持無神論或不可知論的人文主義為俗世人文主義（Secular Humanism），我主張可以把唐先生的人文主義稱為宗教的人文主義（Religious Humanism）。[7]事實上，在《中國文化之精神價值》一書中，唐先生就曾明白的說：「……宗教之人文主義，乃圓滿之人文主義。」[8]可見我們將唐氏之學定位為宗教人文主義應是恰當的。

　　相對於西方來說，中國人文主義最令人注意的是，它非

Philosophy of Humanism（N.Y.: Continuum Publishing Company, 1993）, Seventh edition, Revised and Enlarged, pp.11-29. 當然為求平衡兩造看法，我們也應參考基督教的論點，有關基督教在這方面的看法的書很多，簡明的可參考 Robert L. Johnson, *Humanism and Beyond*（Pennsylvania: United Church Press, 1973）, esp. pp.1-19.

6 唐君毅著，《中國文化之精神價值》，頁7。

7 宗教人文主義一詞的意義並不明確，在西方這一個詞有時候也用來指排斥傳統宗教的人文主義，最有名的例子是 1933 年的 Humanist Manifesto I 及 1973 年的 Humanist Manifesto II；這兩個宣言最先分別發表於 *The New Humanist* 及 *The Humanist* 雜誌之上，現在收錄於 Corliss Lamont, *The Philosophy of Humanism,* Seventh edition, Revised and Enlarged, pp. 285-300. 但是本文用宗教人文主義一詞是指不排斥宗教，而對超越界開放的人文主義，與宣言的用法不同。

8 唐君毅著，《中國文化之精神價值》，頁432。

常集中地表現在道德倫理問題的探索之上，而唐先生的宗教的人文主義簡單來說，也是在儒學爲主的道德倫理體系之上，展開一宗教向度（religious dimension）。對於這樣一種人文主義的分析，可以全幅地展開君毅先生的義理綱維。本文正從這方面切入，嚐試剖析並撐開唐氏的宗教人文主義。但是唐先生的宗教的人文主義頭緒紛繁，全盤處理，牽涉太廣，絕非單篇論文所可容納，所以本文的研究，不能不在範圍上有所限定，本文選取唐氏的超越界爲題，本文所謂超越界即唐先生所謂超主觀客觀境，這個研究範圍的選擇是基於下面的考慮：

（1）超越界是世界主要宗教都關心的問題，不管主張是一神論，抑或多神論，位格神抑或泛神論，甚至以爲一切皆空，超越界的問題在宗教系統中一定有所安頓，我們可以說超越界是宗教的重要核心問題。而唐先生的宗教人文主義，既然有其宗教向度，則我們不能忽視唐先生對超越界的處理。

（2）唐先生的心靈九境論中，後三境是唐氏整個體系的最高境界；而它正是以處理超越界問題爲重心的。因此，要了解唐先生的心靈九境論，自然亦必需研究先生的超越界觀。

基於這些考慮，本文擇定超越界爲研究領域，但是，唐先生的超越界觀念非常複雜，不但涉及東方儒釋道三教，更包括西方歷代大哲和基督教對超越界反省的精華，本文以處理基督教及西方哲學爲主，亦即研究唐先生所謂的歸向一神境，至於先生對佛教和儒家的看法，筆者將另文處理。

唐氏一生著述極豐，先生身後，門人弟子合編全集，凡三十卷，一千萬言，本文在研究資料上自然也需要加以限定。一九七八年一月十五日，唐先生的生命已快到盡頭了，他將自己一生著作分爲四大類，明確指出《生命存在與心靈境界》[9]和《哲學概論》[10]兩書，是「表示個人對哲學信念之理解及對中西哲學之評論之著。」[11]而且是他中年的代表作《中國文化之精神價值》的「純哲學理論之基礎所在」，[12]所以如果要研究唐先生的哲學，自然應該以《生命存在與心靈境界》和《哲學概論》這兩本書爲重心的。但是《哲學概論》成書於一九六一年，自此以後，唐先生的學問已有長足的發展，特別是先生晚年完成《中國哲學原論》六卷[13]，對傳統中國

9　唐君毅著，《生命存在與心靈境界》二冊，本文使用全集校訂版，收入《唐君毅先生全集》卷 23、24（臺北：臺灣學生書局，1984年）。

10　《哲學概論》二冊，本文使用全集校訂版，收入《唐君毅先生全集》卷 21，22（臺北：臺灣學生書局，1984 年）。

11　《中國文化之精神價值》，〈第十版自序〉，頁 1。

12　《中國文化之精神價值》，〈第十版自序〉，頁 1。

13　《中國哲學原論：導論篇》，原收入《新亞研究所叢刊》（香港：新亞研究所，1966 年），現收入《唐君毅先生全集》卷 12（臺北：臺灣學生書局，1984 年全集校訂版）。

《中國哲學原論：原性篇 —— 中國哲學中人性思想之發展》，初版於 1968 年由香港新亞研究所出版，現有全集校訂版，收入《唐君毅先生全集》卷 13（臺北：臺灣學生書局，1984 年）。

《中國哲學原論：原道篇（二）—— 中國哲學中道之建立及其發展》，初版於 1973 年由香港新亞研究所出版，收入新亞研究所叢刊，現收入《唐君毅先生全集》卷 15（臺北：臺灣學生書局，1984 年全集校訂版）。

《中國哲學原論：原道篇（三）—— 中國哲學中道之建立及其發展》，收入《唐君毅先生全集》卷 16（臺北：臺灣學生書局，1984 年全集校訂版）。

哲學疏理入微，精義紛陳，先生之學更進至大成之境[14]，而
《生命存在與心靈境界》一書正是這個時期的作品。這本書
凡二冊，七十餘萬言，是唐先生的最後一本著作，實可說是
唐先生學術上進入成熟時期的哲學鉅著，事實上，在唐先生
因病入院前還對這本書親加校訂付印[15]，可見唐先生本人對
它的重視。所以本文的探索是以《生命存在與心靈境界》一
書爲主，[16]但是也不以此書爲限，唐先生其他著作的重要相
關論點，我們也將盡量一并處理。

在結構上，本文首先討論甚麼是唐氏的超越界；換言之，
我們先確定超越界的指涉域（range of reference）；接著，我
們研究唐氏如何證立超越界，唐氏的論證主要有二：本體論
證和道德論證，對這兩個論證的介述，就構成本文第三及第
四節的內容。在這個之後，我們要進而探討的問題是這個完
全存在者的性質，本文的第五及六節從完全者自身及關係兩
方面回答這個問題。接著，在第七節，我們檢討唐氏論證是
否可以成立；最後，我們以反省唐氏論證的哲學意義作結，

《中國哲學原論：原教篇－宋明儒學之發展》，初版於 1975 年由香
　港新亞研究所出版，現有全集校訂版，收入《唐君毅先生全集》卷
　17（臺北：臺灣學生書局，1984 年）。
14 論者或謂唐先生學問在三十以後，便無進步，實非持平之論。至於
　《中國哲學原論》更不是甚麼草稿（Rough works）。參考李杜著，
　〈由牟宗三先生的客觀的了解與中國文化之再造而評及其道德的
　形而上學〉，收入氏著，《中國古代天道思想論》，（臺北：藍燈文化
　事業公司，1992 年），頁 193-272，特別是頁 198-202。
15 唐君毅著，《生命存在與心靈境界》下冊，頁 524。
16 專門研究唐先生這本書的有廖俊裕著，《唐君毅的真實存在論 ——
　生命存在與心靈境界之研究》（國立中央大學中國文學研究所碩士
　論文，1992 年 6 月），可惜廖文大部分幾以重述爲重心。

以管窺唐先生的宗教人文主義。

貳、唐氏超主觀客觀境的指涉（reference）

　　唐先生在《生命存在與心靈境界》一書中提出他的心靈九境說[17]，而唐氏所謂的超主觀客觀境指的就是九境中的後三境，這裡所謂主觀、客觀是從人的心靈主體的活動來說的；事實上唐氏的心靈九境論，基本上都可以這樣看，主體心靈相應於客觀世界，就產生九境中的前三境：萬物散殊境、依類成化境及功能序運境，前三境可說是主體心靈運思活動於外在客觀世而產生的；但若主體以自身為運思及反省對象，則產生唐氏所謂中三境：感覺互攝境、觀照凌虛境及道德實踐境，這中三境都是主觀攝客觀所成之境。簡單來說，前三境是依主觀而覺客觀，中三境則是主觀之自覺，如果依能所關係言，前三境所涉及是所知，而中三境則涉及能知，在能所結構中，主觀客觀是相對的兩橛，辯證性的超越此境，就是唐氏所謂超主觀客觀境，絕對真實境或形上境，何以是超越呢？就不黏滯於主觀面或客觀面言，故為超越；何以是絕對呢？就不析離主客，滯於相對言，是為絕對。唐先生進一

---

17 有關唐先生心靈九境的介紹，簡明的可參考劉國強著 *Creativity and Unity: The Relationship Between the World and the Divine in Whitehead and T'ang Chun-i*, 139-140；張祥浩著，《唐君毅思想研究》（天津：天津人民出版社，1994 年），頁 346-391；蔡仁厚著，〈唐君毅先生的文化意識〉，見氏著，《儒學的常與變》（臺北：東大圖書公司，1990 年），頁 199-202。

步將這個超主觀客觀境界細分爲三境：歸向一神境、我法二空境及天德流行境（即盡性立命境）。我們可將唐氏心靈九境用一簡表說明如下：

前三境（以主應客）	萬物散殊境
	依類成化境
	功能序運境

中三境（以主攝客）	感覺互攝境
	觀照凌虛境
	道德實踐境

後三境（辯證統一）	歸向一神境
	我法二空境
	天德流行境

　　簡單來說，這個超主客境指的主要就是基督教、佛教及儒家，對唐氏來說，儘管這三教（唐氏視儒家爲人文教，故可稱爲儒教）使用不同名義指稱這超越實在，它們其實都是指向一超主客而統主客之形上的絕對真實（Absolute Reality）。唐氏曾明白的說：

　　　　如東西思想中之天、帝、元、真宰、太極、太虛、太和、道體、太一、至無、至寂靜者、梵天、真如、如來藏、至真實者、有一切者、絕對者、完全者、至大者、至微者、無限者、永恆者、最究竟者、最根原者、至美至善者、絕對公正者、為一切愛、一切德本原者。此諸名之義，雖不同，然其所指向，為一超主客而統

此主客之形上實在，則無不同。[18]

這樣的論斷非常重要，實無異肯定世界不同宗教的終極關懷（Ultimate concern）都是名異實同，不同名稱只是扮演著不同指標功能，而其所指則恆是一「超主客而統主客之形上的絕對真實」。[19]那麼為甚麼有這麼多不同名稱呢？唐先生以為主要原因在人對這同一實在，可有不同的理解，人對絕對實在可以採取不同思想進路，而且即使採取同一思路的人，他在不同階段也會有不同領會[20]，所以在不同階段便以不同名稱指稱這絕對真實者。但是唐氏更進一步明白表示一切人間語言都不足以窮盡絕對真實者的意義[21]。可能因為這個原因，唐氏並不特別注意上帝、天、佛、道等概念之差異，因為對唐氏來說，不同名義只是表示同一實體的不同面相、不同階段而已，它所指的其實還是同一個絕對真實者、絕對精神實在。事實上也正是這種存異求同的調和主義的論學精神，使唐先生的哲學體系堂廡宏闊，氣象博大。

參、唐氏本體論證（Ontological Argument）

現在我們轉至另一問題的探討，即這個多名卻同義的超越形上實體如何證成呢？唐君毅在《生命存在與心靈境界》

---

18 唐君毅著，《生命存在與心靈境界》下冊，頁 4。
19 唐君毅著，《生命存在與心靈境界》下冊，頁 4。
20 唐君毅著，《生命存在與心靈境界》下冊，頁 5。
21 唐君毅著，《生命存在與心靈境界》下冊，頁 5-6。

下冊曾分別在不同章節提出幾個不同的論證，其中最主要的
有二：本體論證[22]及道德論證。

　　本體論證是從存有概念入手的論證，其中最具代表性
的，當然是聖安瑟莫氏（St. Anselm, 1033-1109）的上帝存在
論證，安瑟莫在《禱詞》（Proslogium）中所提出的本體論證
即從存有的本性立論[23]。唐氏的論證著意於存有之完全性，
固然和安瑟莫著意於上帝的偉大有所不同，但從存有的本性
（essence）立論則一，所以我稱之爲本體論證。

　　那麼唐氏的本體論證是怎樣展開的呢？唐氏本體論證具
見於他對歸向一神境的討論，要分析他的論證，可從他對「存
在」一辭的理解開始。他說：

> 所以有不存在，乃由於缺乏若干本質之表現。此個體
> 所表現之本質，即吾人所謂之性相。物有所能表現之
> 性相，亦有不能表現之性相。物之所以有不存在之時，
> 即以其有不能表現之性相，而不能表現之任何性相之

---

22 就筆者所知，只有劉國強的〈唐君毅對「天」之存在之論證〉一文
曾處理過唐先生本體論證的問題，該文收入《唐君毅思想國際會議
論文集》，第二冊，（香港：法住出版社，1990 年），頁 29-37。劉
先生一文重在介紹，能嚴謹地依照唐氏立說。

23 聖安瑟莫有兩個主要論證，一在《獨語》（Monologium），從萬物
之美善等級推論等級的頂端必有「至善美者」（上帝）之存在；另
一在《禱詞》，從上帝的觀念必然包括存在，而證上帝必然存在。
後者稱爲本體論證。聖安瑟莫的本體論證，可參考 Sidney N. Deane
tran., *St. Anselm: Basic Writings*（La Salle, IL: Open Court Publishing
Company, 1962），2nd edition,所收錄的 *Monologium*, chs. 1-4,
pp.37-45. 當然現代學者如 Charles Hartshorne, Malcolm, Plantinga
等提出在《禱詞》另外還有一個論證，但這不是本文所處理的範圍。

故。[24]

這種看法明顯的和士林哲學（Scholasticism）相似，根據聖多瑪斯‧亞奎那（St. Thomas Aquinas, c. 1225-1274），世間一切有限物，都是由本質（Essence）和存在（Existence）所合成，本質是潛能（Potentiality），存在即實現（Actuality）。唐氏謂物不能表現其性相，即不存在，實際上是依士林哲學這個存有區分（Ontological distinction）立說的，因為性相是實現，無性相亦即潛能並未曾實現，只停留在純粹潛能的階段，故可視為不存在。

那麼物之存在與否端視其本性之是否能夠表現，有此本性，便應有相應之性相，倘若此性相不能表現，則此物不存在。基於這個想法，唐氏更推進一步主張若物之性相愈多，表現愈多，則表示物之本性愈豐盈。「由此以推‧則一存在若具一切事物可能有之性相，而全攝於自身，則亦無不存在之可能。此當為完全者必存在之思想之所自生。」[25] 唐氏的推證是基於他以為物之不存在，是因其性相不全之故，今若有一具備一切性相者，則此物並無不存在之理，故「此完全者必存在」[26]。

這其中存在之義對唐先生來說殊堪注意，唐先生說：

> 此『完全者必存在』中之存在之義，初乃取之於世間之物存在，亦即初取之於人主觀心靈原能對世間之物直感其存在，而肯定為存在，更以此為基，再對此存

---

24 唐君毅著，《生命存在與心靈境界》下冊，頁 21。
25 唐君毅著，《生命存在與心靈境界》下冊，頁 22。
26 唐君毅著，《生命存在與心靈境界》下冊，頁 22。

在之消極的所缺者，更補其所缺後，所形成之一思想。
[27]

這一段話的大意是說人一方面肯定經驗界萬有之存在，另一方面又同時明白經驗萬有為有限的存在，通過補充有限存在的所缺，便可形成完全者必然存在的思想，因為這完全存在者的存在義是以實際存在為基礎，它立基於經驗萬有存在之實義之上，而不從虛懸無根的概念入手，對唐先生來說這其中之虛實之判，是東西本體論之大別，也是他的論證優於西方論證的緣故。唐先生指出：

> 西方之本體論論證者……，直欲自上帝為完全者之概念之自身，當包涵存在之一性質，方成其完全，以謂其必為完全。此既先離此『世間物之存在』及『上帝之先必包涵此世間物中之存在』之義，以形成非不完全之完全者，更由完全者中包涵存在之義，以向下求引申此義而出。此即成一思想方向上之大顛倒矣。」[28]

唐先生認為西方本體論從「概念之自身」入手，「開始出發點之方向，即是冒過此經驗之物之存在之上，而謂其可不存在。」[29]對唐先生來說，這是很不對的，為甚麼不對呢？唐先生以為西方本體論首先不從肯認經驗萬有之存在出發，其次又忽略完全者必包涵世間一切存有，這兩個問題使西方本體論走上「大歧途、大迂迴、大顛倒」[30]，更重要的是唐

---

27 唐君毅著，《生命存在與心靈境界》下冊，頁 22。
28 唐君毅著，《生命存在與心靈境界》下冊，頁 28。
29 唐君毅著，《生命存在與心靈境界》下冊，頁 33。
30 唐君毅著，《生命存在與心靈境界》下冊，頁 34。

先生基於這個看法，連帶也否定宇宙論論證及目的論證。

我們知道一般西洋哲學史或宗教哲學通常都將本體論證視爲先驗論證，而宇宙論論證及目的論證則視爲後驗論證[31]，但對唐先生來說，這兩個論證和本體論證都一樣犯相同的毛病，他說：

> 吾今之意；則以為此二論證與前一論證（本體論證）之共同處，在其皆有不直下由世間物之存在，以上達於上帝之存在；而初由設想世間物之為偶然存在而可無者，以推論上帝之存在。此即為由一思想方向之大歧途，而有之大迂迴、大顛倒，而導致此二論證之種種困難之根源。[32]

從這段話可知對唐先生來說，西方傳統上帝存在之三大論證都是歧途、迂迴、顛倒，唐氏甚至直斥之爲魔道。唐先生的批評是否公允是可以進一步討論的，從基督教護教學上言，還真是大有文章可做，但這並非本文要討論的主題。我們在這裡更關心的問題是，從這些批評中所反映出的唐先生自身的哲學立場。

反省唐先生的批評，可看到他主要是本於兩個不同判準立言的，從唐先生的第一個判準來說，他肯定經驗萬有的存

---

31 自從康德歸納傳統上帝存在論證爲三種後，這個看法一直爲大部分哲學家所沿用。參考 Immanuel Kant, *Critique of Pure Reason*, Norman Kemp Smith trans.（臺北：馬陵出版社，1982 年），pp.499-500. 有關三大論證及其現代討論，簡明的可參考 Brain Davies, *An Introduction to the Philosophy of Religion*（Oxford University Press, 1990），pp. 26-63.

32 唐君毅著，《生命存在與心靈境界》下冊，頁 31。

在，反映出唐氏所持的是實在論（Realism）立場[33]，其次，從他主張完全者須包涵萬有來看，他有泛有神論（Panentheism）的傾向。簡單來說，我主張從肯定萬有言，唐氏實在論，從包涵萬有言，唐氏傾向泛有神論。

事實上，我以為唐氏很可能也是本著這兩個立場來展開他的本體論證。唐氏主張「人之通過世間物之存在，以思上帝之存在。」[34]因為他並不懷疑世物之存在與否，經驗萬有之存在對他來說是一不必懷疑的「既與」（Given），他說：「主觀心靈原能對世間之物直感其存在，而肯定為存在。」[35]這一種肯定萬有存在的立場，正是實在論的一種主要型態。

唐氏以為肯定世間萬物存在後，吾人可以通過補缺求全的思路，以形成一完全者。對於這個想法，唐氏曾明白地解說：

> 人之思想所為者，唯是就世間物之存在有所缺憾，而不完全處，更補其所缺，以形成一非不完全之完全者。則此中人之思想初不負『完全存在者』中之『存在』之責，只負『補不完全，以成完全』之責。[36]

唐氏此論，大旨雖然亦不外是補缺求全之義，但是卻明白點出人對完全存在者之存在所扮演的角色。依唐氏之見，對於世物之缺失，我們可以不斷察知，不斷補充，思之復思，

---

33 萬有的存在對唐先生來說，是不能懷疑的。不過唐先生似乎並不在乎這種直接肯定萬有的立場在理論上怎樣證立，他是從一道德的立場，反對懷疑萬有存在，因為這會引致對眾生苦痛的漠視。
34 唐君毅著，《生命存在與心靈境界》下冊，頁 25。
35 唐君毅著，《生命存在與心靈境界》下冊，頁 22。
36 唐君毅著，《生命存在與心靈境界》下冊，頁 22。

補而復補，以致無可復補，通過這樣的過程，則終必能得一完全存在者。這樣得來的完全存在者，自然是「包涵此世間之一切不完全物之存在之所有，而更有其所缺。」[37]這明顯就是我們在上文所說的包涵萬有的泛有神論立場，但唐氏進一步說，人於此時所有之思想「亦即同時思此完全者之超越於世間之一切不完全之存在之上，而可形成一包涵一切世間物之存在意義，而超越之之一超越的完全者之思想矣。」[38]這樣的說法，當然是就人有此統攝之思想立言，但是如果說這樣便可以證得完全存在者，實際就是假定了經驗萬有與完全者這兩者之存在性質是相同的，所以唐氏曾說：

> 人之思想中之『存在』之一義，有其所自來處，原無問題。因為人初即直接有取於其所有肯定為存在之物，而有此之中『存在』之一義也。[39]

　　他甚至明白宣稱「就此存在之義之本身而言，上帝之存在與世間物之存在，只是同一存在。」[40]唐氏這樣一說，泛有神論色彩就更重了，在他眼中，上帝和世物的存在是同質的，於是上帝與世物遂非異質之二元，而為同質之兩極，從二元到兩極實際上是將上帝與世物放在同一連續體之上，只是一端豐盈無缺，另一端貧乏有限。而世界萬有既然同為此完全者所包涵，則此完全者無異萬有之超越整體，這樣一來，唐先生的泛有神論立場便十分明白了。

---

37 唐君毅著，《生命存在與心靈境界》下冊，頁 23。
38 唐君毅著，《生命存在與心靈境界》下冊，頁 23。
39 唐君毅著，《生命存在與心靈境界》下冊，頁 22。
40 唐君毅著，《生命存在與心靈境界》下冊，頁 25。

肆、唐氏的道德論證

　　我們現在轉而討論唐氏另一論證，唐先生以為種種超越的信仰，亦可從道德中安頓，所以這個進路可稱為道德論證，唐先生的道德論證又可細分為兩步，第一步是借康德（Immanuel Kant, 1724-1804）的「最高善」（Highest Good）立說[41]，其次，唐先生從實存的道德生活來推出超越的信仰之必然產生，這可說是第二步，讓我們先看第一步：

> 吾人今之說，則亦不以此諸信仰為滿足情感上之要求，可容人自由信仰者；而承認此諸信仰，為人依其道德生活求相續，其生活求理性化之要求，其思想必然產生之不容己的信仰，此略同康德之義。[42]

　　唐先生這裡是借康德最高善的分析，將信仰視為必然存在。因為最高善必然包括德行的完成和幸福的結果，但德行與幸福的必然結合需設定上帝存在作為超越的保證，這個意義下的上帝當然並不是客觀實有（objective reality），而是滿足吾人探究活動的理性設準（postulate）[43]。換言之，上帝依人的主體活動而肯定，作用是使主體的道德活動成為可以理解，這樣的論證就不免使論證對象，由客觀實在的存有滑轉

---

41 有關康德最高善的簡介，可參考康德名家 Roger Sullivan 的近著，*An Introduction to Kant's Ethics*（Cambridge University Press, 1994），pp. 89-91.
42 唐君毅著，《生命存在與心靈境界》下冊，頁 298。
43 See Kant, Critique of Pure Reason, p.147.

為主體活動的產物。我們知道西方傳統三大上帝存在論證無一不以證客觀實有為目的，絕沒有視上帝為主體之建構者，所以唐先生的論證，不免違離西方上帝存在論證的本旨，但是這個違離，或正顯出唐氏心中的超越界並非基督教的超越神，反過來說，唐氏的說法卻充分顯示其哲學的主體性興味；準此而言，唐先生的哲學還是一種主體性哲學。所以唐先生雖然也批評康德，但是康德以上帝為設準背後的攝存有於主體義，卻依然為唐氏踵武：

> ……超越的信仰，皆為是本吾人當下之道德生活，道德心靈，所原具之涵義，所推廣而出之信仰，亦只是生活心靈所放出之一縱攝三世、橫照三千大千世界一智慧之光。此光輝之中樞，則在此當下之道德生活、道德心靈自身。[44]

信仰活動是以主體自身及其活動為中樞當然沒有問題，問題是信仰對象若必須依主體心靈而撐起，則此對象並無獨立性。因此我們不能承認唐氏的論證足以證立一「神聖心體」獨立自存於客觀世界。

唐氏亦警覺此問題，所以他也正面回答問題，或更好說是他企圖解消問題（explain away），唐氏明白在康德的論證上只能說明人的理性意願，但並不能對客觀宇宙有所規定，所以他也很清楚的表示主觀意願與客觀實況的一致並無必然性，他說：

> 人之道德心靈必當如此要求，如此置定；客觀上之宇

---

44 唐君毅著，《生命存在與心靈境界》下冊，頁 299。

宙即如此，即有上帝之存在，似仍可成之問題。[45]

但是唐氏卻還是以爲「然吾人若真識得康德之意，則此乃可不必生之問題者。」[46]何以故？唐氏說：

> 故人若爲道德之存在，則於其自知必當要求一有道德秩序之宇宙之存在，必當置定一上帝存在之後，亦即可直下以信仰承擔此宇宙與上帝之存在，而可更不發生上述之問題，而人亦不能以此問難康德也。[47]

依照唐先生的說法，對道德主體來說，上帝的信仰是真實不虛的原因，是因人自信「必當」如此。但是唐先生所說的必當如此，並非獨斷的說我們因著這個自信，便可以把懷疑的空間也取消，從而不產生上帝是否存在的問題。唐先生是說道德心靈恆求德福一致，基於這一點，亦必然相信此宇宙與這要求相合，換句話說，道德心靈所理解、所期望的宇宙是「一有道德秩序之宇宙」，是一有上帝保證德福能夠一致的宇宙，否則會引致理性的自相矛盾，而宇宙亦將成爲不可解。因此他說：「……可直下以信仰承擔此宇宙與上帝之存在，而可更不發生上述之問題，而人亦不能以此問難康德也。」但唐先生的討論並沒有停留在理性的層次，相反的，對唐氏來說，康德的問題亦正出在純依理性立說[48]，而忽視此活生

45　唐君毅著，《生命存在與心靈境界》下冊，頁 40。
46　唐君毅著，《生命存在與心靈境界》下冊，頁 40。
47　唐君毅著，《生命存在與心靈境界》下冊，頁 40。
48　值得注意的是牟宗三先生對康德也有類似的批評，但卻更能鞭撻入裏，其中牟先生所言「實體性的覺情」更關緊要，參考氏著，《現象與物自身》（臺北：臺灣學生書局，1984 年），特別是第三章「展露本體界的實體之道路」，頁 41-119。而對於這方面的研究，李明輝先生的近著很值得參考，參考氏著，〈牟宗三思想中的儒家與康

生的人的實存道德生活，這種立基於道德生活的想法，就是
先生道德論證的第二步。而對唐先生來說，康德的論證與傳
統三大論證同陷蹈空之蔽，也正因爲這個原因，唐先生亦從
抽離實際生活內容立論，對康德道德神學進行批評，他說：

> 康德之所謂有德者……唯是個人之自順從其依理性而
> 自建立之形式規律，而不重道德生活之客觀內容，亦
> 不重此客觀內容對人之情操上任何滿足之故。[49]

唐氏批評康德道德律之形式性，而不重道德生活內容，
及其在情操上的影響，所以他從康德單一主體性的立場轉至
主體際相互性的進路，他要從人我之間的道德行爲，顯示一
超越各別主體上之客觀精神－上帝。故唐氏說：「依於此普遍
自我之即於存有相互道德行爲之自我之中，而人即可於此相
互之道德的行爲，所成之道德生活中，以直感此普遍自我之
存在，而亦直感上帝之即存於其自我之中矣。」[50]分析這段
話，唐先生要從道德生活中直感上帝之存在的企圖是十分明
顯的，但詳細的論證還是在他談對歸向一神境之真實理解之
時才提到，唐先生說：

> ……人在一般道德生活中，只須我與他人之間，有真
> 實之同情共感，而更能自加一真切之反省，即原可見
> 得：有此人我之道德心靈結成之統一的精神實在，朝
> 朝暮暮呈現於此真實之同情共感中。[51]

德〉，收入氏著《當代儒學之自我轉化》，（臺北：中央研究院中國
文哲研究所，1994 年），頁 53-87；特別是頁 82-86。
49 唐君毅著，《生命存在與心靈境界》下冊，頁 61。
50 唐君毅著，《生命存在與心靈境界》下冊，頁 61。
51 唐君毅著，《生命存在與心靈境界》下冊，頁 62。

　　唐氏特別指出道德心靈之發現，於集體危機之中最易見得，因人於共同危難中，常須捐棄一己之私，以成就大公，唐氏說此時「其互以他爲自，即無自他之別，而只有一具此共同的意志、情感、思想之共同心靈，呈現於各別之心靈生命之中。」[52]又說「此時，人即在主觀上各有萬眾一心之感，而在客觀上亦可說實有此一心在於萬眾，而人同時可覺此萬眾之一心之所爲，存於天地，而足感動天也。此一心靈之充塞彌綸於人我及天地，未嘗相離，以其即由此人我天地之合以支持其呈現而存在故。」[53]揆唐氏之意，即在破私立公之過程中，個別自我投注並形成集體意識，從主觀面看，是萬眾共持一心，從客觀面看，則亦可說是此心超越眾個別自我而遍在，而從此心之遍在言，則自然可說此心充塞宇宙，唐氏進而引進三才的概念，以天地人合以支持此普遍心靈之呈現與存在。這樣的心靈通主客又攝主客，既超越又內在，唐氏以爲可稱爲普遍心靈或神靈。唐氏進一步說：「人既知此神靈爲一絕對無限之神靈，而貫通於一切人我之主觀心靈與天地萬物之中，而一切人我之主觀心靈，與天地萬物，皆其表現之地；人之主觀心靈之表現，與此神靈之存在德性相應者，亦即同時可視爲此神靈之表現；吾人即可說此中之一一主觀心靈，即此神靈自身之分殊的表現矣。」[54]對於這心靈唐氏是很欣賞的，他說：「人亦對此普遍心靈或神靈，依其爲超越，而有崇敬皈依之心，依其不離我，而對之有一親切之感，與

---

52 唐君毅著，《生命存在與心靈境界》下冊，頁 63。
53 唐君毅著，《生命存在與心靈境界》下冊，頁 64。
54 唐君毅著，《生命存在與心靈境界》下冊，頁 64-65。

互相感通之情。」[55]這樣的神靈可說是不即不離的，就不即言，唐氏保住神的超越性，如此一切宗教莊嚴神聖義乃得以立；就不離言，唐氏打通聖凡之隔，如此一來，人皆可以爲堯舜遂成爲可能。

伍、完全存在者自身的性質

我們現在進一步問的問題是：唐先生所證立的完全存在者或上帝的性質到底是怎樣的。這個問題可以分爲兩個部份作答，第一是從完全者自身看其性質，其次是從完全者與人的關係觀其特性。從自身言，我以爲最重要的是它的廣涵性（Comprehensiveness），這一個廣涵性可以析論爲下列幾點：

一、無限的潛能

由於這個完全存在者是由補足世物所缺而形成的，所以這個意義下的完全存在者的特徵正在它的無所缺漏，它統攝一切存在者的已有，並兼備一切可能的補充，亦正唯如此，它並非純粹實現（Pure Act），而是無限的潛能。[56]

---

55 唐君毅著，《生命存在與心靈境界》下冊，頁 64。

56 這一點使唐先生的上帝，與天主教士林哲學之視上帝爲完全實現大異其趣，而反近於現代歷程神學，唐先生自己也承認這一點。有關士林哲學這個看法，可參考紀爾松著，沈清松譯，《中世哲學精神》，（臺北：國立編譯館，1987），特別是第三章「大有及其必然性」，頁 38-64。不過，沈清松先生從天主的創造力所提出論點是值得參考的，參考譯序，頁 10-11。

二、辯證性

而因爲它是無限的可能性，無限的潛能，所以它可以兼容一切對反，而加以超越融通。事實上，對唐氏來說，亦並沒有真正絕不相容的矛盾，矛盾只存在於某一層次，最終必能加以超越。這種超越，並非對原來對反的兩極均加以拼棄，而是在超越昇進後的新境界中，消融矛盾而使原來的對反兼存於新的綜合之中，所以這境界是綜攝統一境，因爲它兼存對反而不相礙，銷泯矛盾而益豐盈。事實上，他曾說存在物「因其在不同情境中，表現此相反而矛盾之性質，皆一一分別應不同情境而生，而互不矛盾，而其所能表現之似相反矛盾之性質愈多，正愈見其所包涵之性質內容之多故。」唐先生稱這種辯證性爲「超越的包涵」，他說：

> 所謂超越的包涵，即包涵此相反而矛盾者，同時使此相反矛盾者，相銷而相泯，以成一非有之有，或無中之有，或虛靈化的有。[57]

我想這一段話的前半段並不難解，主要是闡述辯證歷程，值得注意的唐氏所謂「成一非有之有，或無中之有，或虛靈化的有。」我以爲這其實是就形質論（hylomorphism）來談的，我們上文已提到唐氏的完全存在是無限的潛能，當潛能尚未實現，當然可稱爲無，或不存在，但換一角度言，也可說是「有」，而正因爲潛能尚未實現，這種可能性就只能是「非有之有」、「無中之有」或「虛靈化的有」。我們可以推

---

57 唐君毅著，《生命存在與心靈境界》下冊，頁 44。

進一步說，這通過不斷辯證而形成的虛靈化的有，就是一能涵攝一切對反的絕對完全存在者。

三、歷程性

那麼對此完全者來說，如何才能涵攝一切對反而不致引起衝突呢？這就涉及唐氏完全存在者的另一特色－歷程性；依照上述辯證性綜合的模式，一切可能的限制只是有待打破、有待超越的階段；而所謂矛盾、限制亦可視爲超越昇進過程中的層層迂迴，它們使完全存有者之爲完全成爲可能，它使存有者更形豐盛無缺。而因爲這個完全存在者，必須通過這個辯證歷程，才能成其完全，它是一個歷程性存在（becoming），而不是一已完成的存有（being），它在時間之流中不斷形成，在辯證歷程中不斷豐富，臻於完美，止於至善。唐先生說：「故一存在，若其愈能應不同情境，更迭的表現種種性質，以至於變化無方，自由無礙，則見其存在之能力愈大，其存在爲愈完全。」[58]唐先生這一段話，至少有兩個重點：其一、完全存在者必須不但具備，而且更能表現種種不同的性質、性相，所以它有廣涵性。其二、這完全存在者變化無方、自由無礙的表現，是在更迭歷程中完成的，所以它有歷程性。

基於歷程性爲存在者完滿的必要條件，所以唐氏特別批評亞里士多德（Aristotle, 384-322 B.C）以物有變動，則表其不完全之說。[59]他以爲一物在變動之時所表坃之性相當然有

---

58 唐君毅著，《生命存在與心靈境界》下冊，頁 44。
59 唐君毅著，《生命存在與心靈境界》下冊，頁 42。

定限，但不能據此就說物之必不完全，因爲「並不須此一存在之在一時一地，將其所能表現之性質或性相，完全表現或實化，方稱爲較完全之存在。」[60]這也就是說完全存在者不須在某一時空點內完全地呈現，這其中最大的考慮，當是不能在同一時空點內安頓矛盾，所以須在歷程中收攝對反，以使一切的可能都能夠包涵於完全存有者之中。例如我們不能理解某物同時爲冷，並同時爲熱，但是我們可以理解某物在某一時點爲冷，而於另一時點爲熱，也就是說，唐先生是使矛盾安頓於歷程之中，使看似矛盾的，兼存於某物的存在歷程之中。

　　總的來說，唐先生的完全存在者以廣涵性爲本性，以無限的潛能爲特徵，而其實現則以辯證性及歷程性爲可能性條件（Condition of Possibility），通過辯證性及歷程性，完全存在者涵攝萬有，更捲入世界萬有的發展中。

陸、超越界與人的關係及其基礎

　　唐氏的完全者，並非只是在己存有（being-in-itself），而更是在世存有（being-in-the-world），分析完全者的性質，其勢不能只停留在完全者自身的探究，我們還要進一步問此完全者與世界的關係。

　　世界萬有中，唐氏特別重視得天地靈秀的人，他從人的

---

60 唐君毅著，《生命存在與心靈境界》下冊，頁 43。

基本存在本性指出人與存有的密切關係。人與萬物是不同的，其基本差異即在人對存有的探索，此一探索彰顯人與超越界的關係。

　　唐氏對超越界的看法是儒學傳統的現代延續，但是卻與傳統基督教主流思潮完全異調。超越在拉丁文是 *transcendere*，它意謂著人與神的絕對差別與分隔（a drastic distinction and separation between god and man）。但對唐氏來說天人是一連續體（continuum），它們是同一光譜的兩端，而不是截然分隔的兩元，最重要的是對唐氏來說聖境即神境，聖界即神界，聖神兩者是相同的，正為如此，人通過工夫可以成聖成賢，而進入超越界，於是天人是相通的。他甚至表示理論上，超越界與人是絕無隔開的可能，他堅持：

> 依良知之標準，我們可說一切高級宗教中所講之上帝、阿拉、梵天在究竟義上，都不能與人之良知為二，而相隔離。如為二，則此二亦必須通過良知之肯定，此肯認即已通二為一，或使二者之關係成不離之相保合的關係。[61]

　　對唐氏來說，人的肯認使二元恆歸於一，如此一來，良知便是超越任何分立而達致更高的統一的能力。超越界不但永不完全與人隔絕，它與人的關係更可說是非常親密的。在這一方面，唐氏非常突出天地、祖先父母及聖賢三者（三祭）與人的關係[62]，現在我們也順唐氏的思路分析人與超越界的

61　唐君毅著，〈我對於哲學與宗教之抉擇〉，收入氏著，《人文精神之重建》，頁584。

62　三祭是唐氏所十分重視的，有關這方面的討論可看唐端正著，〈唐

關係。

　　首先，唐氏將天看成爲創造萬物之源，他常將天地和人的關係，類比爲父母子女的關係，正如人自愛敬父母一般，人對天地也有一種對自身來源的敬愛之情，這種愛與敬，是自然而非人爲的。

　　唐先生又將創生萬物關連到一種德性，這自然是易傳的老路，〈繫辭・下〉云：「天地之大德曰生。」《正義》曰：「⋯欲明聖人同天地之德，廣生萬物之意也。」[63]傳統上我們將這個創生的大恩稱爲生生之德，我們可以說這是將存有論或宇宙論，通到價值論之中，唐氏在這方面延續其師熊十力（1884-1986）與方東美（1899-1977）的論點，熊方二氏都以再發現、再詮釋傳統生生之德的觀念而稱著的[64]。但唐與方不同，他沒有方氏的藝術向度，而強調熊氏所重視的道德意義，唐氏稱之爲天地造生之大德。對於這個大德，人應永存感念，更須時思回報，怎樣回報呢？唐氏以爲吾人通過道德上之功夫實踐以求自我滿全（Self-Perfection），因爲踐仁成德即創造價值，人在道德方面的成就同於天地創生之德，

君毅論宗教之價值與三祭之意義〉及鄭志明著，〈唐君毅先生的宗教觀初探〉，分別收入《唐君毅思想國際會議論文集 ── 宗教與道德》第2冊（香港：法住出版社，1990年），頁1-12及頁13-28。

63　參考《周易正義》，收入楊家駱編，《周易註疏及補正》，（臺北：世界書局，1987年5版）；是書爲楊氏所編《十三經註疏補正》第一冊。引文見《周易正義》，卷8，頁9下。

64　參考林安梧著，《存有・意識與實踐 ── 熊十力體用哲學之詮釋與重建》（臺北：東大圖書公司，1993年），頁151-218。沈清松著，〈方東美的生生哲學要略〉，收入氏著，《現代哲學論衡》（臺北：黎明文化事業公司，1985年），頁488-503，特別是頁492-496有關藝術經驗的說明。

通過這樣的理解，古代中國哲學天人合一的觀念遂被除去其神秘主義的向度，現在一轉而變成是天與人合作共同創造價值[65]，於是天人合一亦即天人合德，而所謂合一也就是就實存主體的價值創造而言。而人在成德的能力及成就被了解爲價值創造的一種，這正是人也可被視爲創造者（creator）的原因之一，或者更好說是人是天的價值得以展現於世界的媒體之一，這是唐氏所高度重視與稱許的，事實上天德流行境正是唐氏判教系統中最高的一境。

　　人對天有感念、愛敬之情，遂使人天不再相隔；同理人對祖先也有報本返始之情，以致對死去之親朋好友的情誼也不因他們辭世而馬上終止，有時生死相隔反而更加重故人之情，這種持續的愛，使生者得以與死者維持感情的相續，這對唐氏來說就是通幽明之際，甚至使幽而復明。這一種愛的表現最明顯在於孝敬父母，但是對唐先生來說，它卻並不局限於血緣關係之中，實通於君臣、父子、兄弟、夫婦、朋友五倫[66]，甚至整個宇宙，這即傳統所謂感通天地，而這也是唐先生論學之所重[67]。

　　事實上，人生在世，直接面對的當然是此芸芸眾生，他們雖大部份不像祖先父母等和我們有血緣關係，但對唐氏來說我們仍然需要發揮民胞物與的精神，不但視世人爲手足，

65　參考唐君毅著，《人文精神之重建》，頁 25-29。

66　參考唐君毅著，〈說中國人文中之報恩精神〉，原刊《鵝湖月刊》第 1 卷第 6 期（1975 年 12 月），頁 3-6。現收入氏著，《病裏乾坤》（臺北：鵝湖出版社，1984 年），頁 103-113。

67　與這個問題特別相關的是唐氏談孝的形上宗教意義，參考氏著《中國文化之精神價值》，頁 198-203。

更須將仁的精神充量發揮，潤澤萬物，於是萬物、自然以至
整個宇宙都因此廣包性的大愛之流行、滲透、充塞而成為一
個整體。順此以往，即使他人極端墮落罪惡，我們也不應停
止我們對他們的關懷與愛護，吾人對他人的愛恆超越吾人對
其墮落的憤怒，事實上，唐先生甚至主張如果他人未能發揮
內在德性，放失其心，我們就更應以更多的愛，更大的德去
補足他的不足，因為人之不足，實即己之不足，人之不善，
亦己之不善也，因此結草哈環固然應該，以德報怨亦是份內
的事，畢竟，對唐氏來說，整個宇宙是一大整體，或一大有
機體，分子與分子之間是呼吸相關的。

　　總的來說，人對天地之恩、祖宗之靈，聖賢之德之感念
與愛敬，恆生報本返始之情，見賢思齊之感，從而使人和超
越界聯繫起來，這一種對超越的感情不是一依賴之情，不是
不堪之情，它不是將人看為純粹受造物，在對比崇高的造物
主之時，感到自身不值一文；它也不是一戰慄之情，它沒有
人面對神秘存有者的莊嚴和大能時所生的敬畏之情[68]。它是
一種對超越者的感載之情，回饋之情，唐先生歸之為「報恩
精神」，他曾說：

> 中國人文中之報恩精神最基本之表現，是報父母之
> 恩、報於世有功德之人之恩，由此而有禮中之報本復
> 始之祭祖宗，祭有功烈之人及聖賢之禮，以及報社稷
> 天地之神的生物成物之功之祭禮。如天即上帝，佛亦
> 是聖賢，則基督教對上帝之感恩，佛家之報佛恩，亦

---

[68] 這與 R. Otto 的 mysterium tremendum 完全不同。

中國文化中之感恩精神之一端。[69]

而對於天恩祖德，唐氏從不以為人是太過卑微，以致不堪回報，對於聖賢之德，唐氏也不認為人太過有限，以致不可企及；這樣一來，超越界的親近性，可達致性遂使唐氏系統中沒有基督教中神與人之間的張力，而基督教的絕對他在（the Wholly Otherness）的觀念在唐氏系統中也不佔一席之位。更重要的是這一種報恩精神，亦指向一歷程性，因為報恩之道，勢必兼包直接的還報與間接的轉報，還報是逆向的回饋施恩者，轉報是順推此恩以及於他人，其間一逆一推，即成一歷程，是則報恩精神不但使人與超越界相接，更使此宇宙繼起之生命亦能與過去的生命連成一相續的整體。[70]

柒、唐氏論證的檢討

從上文對唐氏超越向度的分析，我們知道唐氏的論證主要有二：本體論論證和道德論證。唐氏本體論論證重在補缺求全，他以為人能了解經驗界存有之有限，即能思補其所缺，思之再思，補而復補，即能形成一唐氏所謂的「完全存在者」。而道德論證則主要在於從人確有道德宗教之要求及生活，可推知有超越的仁心之存在。這是唐氏論證的梗概，我現在要

---

69 唐君毅著，〈說中國人文中之報恩精神〉，頁 103-113，引文見頁 104。
70 杜維明著，〈試談中國哲學中的三個基調〉，原刊《中國哲學史研究》第 1 期（1981 年 3 月），頁 19-25。後轉載於《鵝湖月刊》第 7 卷第 7 期（1992 年 1 月），總 99 號，頁 2-6。

指出這兩個論證的困難。

第一個論證的問題在於從概念推導是不可能決定存有的[71]，安瑟琳的論證及康德的反駁是哲學史常識，唐氏並非不知，問題是唐氏以爲他從直接肯定經驗萬有出發，故有勝於西方傳統三大上帝存在論證，而以爲此新版本體論證可以通過康德式的考驗。

唐先生對他的本體論證的敘述事實上並不清楚，讓我們先考慮這樣一個簡化的論證，以使問題焦點清楚。

如果有限物存在，則完全存在者存在。

有限物存在。

完全存在者存在。

從形式上看，這個論證當然有效，但它不是可信論證（reliable argument），更不足言真確論證（conclusive argument）。問題當然不在小前提及結論，而在大前提中前後件的關係如何確立。這也是我們現在檢討唐氏論證的焦點。基本上，唐先生的論點可以改寫爲：

（1）不完全存在者存在。

（2）若人能知不完全存在者的不完全性，則人能通過補充不完全性而解消此不完全性。

（3）人能知不完全存在者的不完全性。

（4）人能解消不完全存在者的不完全性。【結合（2）、

71 Reuben Osbert （pseud. R. Osborn）, *Humanism and Moral Theory: a psychological and social inquiry* （London: George Allen & Unwin Lyd., 1959）, pp.99-106, esp. p.104. Thomas Nagel, *The View From Nowhere,* （Oxford, New York, Toronto: Oxford University Press, 1986）, p.p. 90-109。

（3）】

（5）解消不完全性後的存在者即完全存在者。

（6）完全存在者必然存在。【結合（1）、（4）、（5）】

問題是即使（1）、（2）、（3）、（4）、（5）全部皆真，還是導不出（6）的。因爲人有能力做某事，不代表人必然做某事，其中牽涉到意志、感情等因素，不待煩言；換言之，肯定人的能力，並不能連帶肯定人的意願，所以（6）應修改爲（6'）完全存在者可能存在。如果這樣，完全存在者的存在與否，端視人要不要進行此補缺求全的工作。倘若是這樣的話，則這完全存在者並非自足的（self-sufficient），而是依賴於人的。那麼這完全存在者的完全性又怎能安立呢？

唐先生亦明白這不免使人產生上帝依賴人而存在的懷疑。但他不認爲這會引致理論上的困難，他說：

> 然實則凡此之說，皆不知吾人之謂爲完全者之上帝自身存在，必同時對吾人之思想此完全者自身存在之思想，而存在。由人有完全者之觀念，以證此完全者之存在時，人即是自其思想中所對之完全者而說故。人主觀上如何思想，固可說爲偶然之事，但必有如何主觀之思想，乃有如何之存在呈現於此主觀思想，以對之爲存在，則爲一必然之事。[72]

我想唐先生是這樣子想的，當我們在論證之時，在腦海中自然會「呈現」我們所要論證之存在，這是我們進行論證思考所不能免的一步，而不應據此即說此存在依賴人而存在。

---

72 唐君毅著，《生命存在與心靈境界》下冊，頁26。

　　唐先生這個辯解事實上意思並不清楚，其中依賴與呈現兩詞尤關緊要，必需澄清。首先讓我們看看依賴的意思，我們說完全存在者並非自足，而須依賴於人，是就完全存在者存在的可能性條件（condition of possibility）而說的。這是說人的主觀思惟使此完全存在者的存在成為可能，如果沒有人的思想，則它不能存在。而所謂不能自足，正是指出它不能離開人類意識而獨立自存於客觀世界。正如唐先生自己也說這個存在是「……呈現於此主觀思想」，唐先生是在主觀層面說完全者存在，卻並沒有從客觀面上說有一可以獨立於人的主觀思想而自存的完全者。我們儘可以承認此完全者呈現於主觀思維之中，但唐先生卻並沒有成功證出獨立自存的完全者。

　　現在讓我們再看看呈現的意思，呈現可以分為兩種：直接呈現和間接呈現。直接呈現是說不通的，我們能想像這樣的情況嗎？有一獨立自存於人的主觀思維之外的完全者，當人進行對完全者思維之時，便由外而內的進入並呈現於主觀思想之中。這樣一說令人想起羅素（Bertrand A. Russell, 1872-1970）和弗列格（Gottlob Frege, 1848-1925）的討論，這種直接呈現說法的困難同樣在我們沒有這麼大的腦袋，可以讓完全者進入。我想唐先生也不會這樣想。

　　唐先生的意思應是在談間接呈現，也就是說，完全者本來獨立自存於主觀思維之外，而當人進行上述思維過程之時，完全者便以象表（representation）方式呈現於主觀思維之中。問題是這樣一說便可能面對乞求論證的困難（begging the question）。因為如果我們先假定完全者存在於主觀思維之

外，再假定人在腦海中有此完全者的象表，然後才「由人有完全者之觀念，以證此完全者之存在。」這樣做就竊取前提了。反過來說，如果不先假定完全者存在於主觀思維之外，則又是甚麼在供我們象表呢？

但是可能唐先生要說的重點是擺在「必有如何主觀之思想，乃有如何之存在呈現於此主觀思想。」如果這是說人可通過思想，形成某種概念，進而使這種概念轉以實體方式呈現於客觀世界，則金山、飛馬等亦可以通過此方式呈現於客觀世界，可是我剛剛寫作之時，腦海中出現了有翅膀的馬匹，但是飛馬並沒有在我的書桌前出現啊！我想唐先生應不至於這樣子想吧。但如果說，人可通過思想，使某種概念呈現主觀思維之中，這我們不必懷疑，譬如說我知道馬存在，但我同時亦了解馬的有限性：牠不能飛，我可以在腦中呈現有翅膀的飛馬的概念，以解消其不完全性。不過這還是我腦海意識中的建構，並沒有證出甚麼客觀存在啊！如果唐先生真是這樣的想，則等如說唐先生的辯解，還是只能證立一主觀概念，而不能證立客觀存在，既如此，也就不能進而談甚麼超主客的形上實在，所以事實上亦並等如沒有真正解決困難。

現在讓我們接著討論唐氏論證中另一問題；據（2）人能知道某存有物的不完全性，即能解消此不完全性。這實是將兩種能力混為一談，因為前者是指對某存有物狀態的了解能力，後者則指對此狀態加以改變的能力。顯然的，了解狀態涉及一組條件，改變狀態所涉及的是另一組條件，兩組條件並不相同，而前者也不邏輯地蘊涵後者，今若說人能知某存有物的不完全性，即能補充改變之，則無異說，擁有第一組

條件，即同時擁有第二組條件，這似乎並不能有合理的解釋。

更根本的問題是唐先生到底證了些甚麼？這就須考察完全者的存在地位（Ontological status）的問題。我們記得唐先生將世界宗教的終極關心都看成為一超越的形上實在，超主客又統主客的絕對真實或絕對精神實在。那麼他的論證自然應該是企圖證這個實在（reality）之存在了。

英文 Reality 一詞的拉丁文是 *realitas*，它的字根是 *res*，即物（thing），在哲學上，一般都理解為客觀存在於經驗世界者，所以在士林哲學傳統中常將實在和 "actuality"、"esistence" 混用，當然 reality 與 being 有時亦兼指 subsists 和 exist。而到了近代 Reality 在哲學文獻上也常被用來指現象背後的現實存在的事物。

不過，事實上唐先生的本體論證始終猶豫於客觀存在的完全者，與主觀思想中的完全者之間，行文尤其撲塑迷離，反而沒有特別證完全者怎樣個超主客。如他說：

> 今此思想果能繼續自持，以於凡所思之不完全者，即往補之，並思其無不可補，則此思想即可直下形成一非不完全之完全者，於思想之前。[73]

順這段文意，完全者形成於思想之前，非思想之中，則此完全者獨立於思想而存在，這個意義下的實在，是客觀實在（objective reality）。又例如唐先生說「吾人之此一生活，正為使吾人之思想，得向無限完全進行……以使心靈得與此完全存在相遇者。」[74]而他在批評懷德海（Alfred North

---

73 唐君毅著，《生命存在與心靈境界》下冊，頁 23。
74 唐君毅著，《生命存在與心靈境界》下冊，頁 45。

Whitehead, 1861-1947）時也說：「（懷德海）乃一事法界哲學，而非以成吾人對上帝真實存在之認識為本之哲學。其……亦不足使此人格，升進於與上帝覿面相遇之境，以證上帝之存在。」[75]在這些地方唐先生談的是人與上帝的相遇，這個意義的完全者是一客觀實有就更加明白不過了。如果是這樣的話，則唐氏之論違返概念推導不能決定存在的大旨。承認人可通過補缺求全的思想，形成一完全者的概念，並不代表已證立完全者存在於客觀經驗世界中，至多只證立完全者的概念可以存於吾人思維之內，將主觀概念等同客觀實有是思想的謬誤。這種類似的問題是傳統本體論證的錯誤，也是哲學史的常識，我想唐氏大概不致有此毛病。

我們或許可以替唐氏辯解說上述討論基本上是不相應的，因為唐先生談的是思維概念上補缺求全，並非對客觀存有物加以補充而解消其不完全性，人之所以能知即能改，正是因為這能改所涉及的是主觀概念的改變，而並非使客觀實有產生變動，這樣說來，我們上述的討論就犯了稻草人的謬誤了。這個懷疑是有理的，事實上，唐先生在行文中亦常提到證立完全者的思想，而非完全者。但是倘若是樣，則唐先生所謂「由不完全之存在，而進至一完全之存在之思想」的論旨，則僅能停留在完全者的概念問題（Concept of Complete Being），而並未能對完全者的存在問題（Existence of Complete Being）作任何肯定或否定。既如此，則說甚麼「……與上帝覿面相遇之境，以證上帝之存在。」就真是完全不可

---

75 唐君毅著，《生命存在與心靈境界》下冊，頁 20。

解了。

　　現在我們看唐氏第二個論證的問題，唐先生自德福一致，談對上帝的理性信仰，這個看法自然合乎我們一般對康德了解，但我們也並非如唐先生所說「不可以此問難康德」，而事實上唐先生本人也這樣「問難康德」，唐先生以爲康德從德福一致立論「仍不能免於以道德生活爲得宗教生活中道福之手段之功利主義之說。」[76]在《中國文化之精神價值》一書中，唐先生說得更清楚：「儒者之行仁義，皆所以盡心盡性，亦即出於心之所不容已。夫然，而無論成功與否，皆有可以自慊而自足。德性之樂，乃在當下之盡心盡性之事中，即完滿具足者。幸福與德性原爲一致，不如康德之視此二者，爲此生之所不能兼備。則賴上帝之力，以得二者之綜合於死後，在儒家即可視爲不必須。」[77]唐先生所說的幸福是否與康德相同仍然是一個問題[78]，但是如果我們貫徹義務論倫理學（deontological ethics）立場，確是可以不須設定上帝的概念，畢竟道德所重在乎存心邪正，而不在乎回報，自亦不須一外神作保。因此我想當唐先生說「可直下以信仰承擔此宇宙與上帝之存在，而可更不發生上述之問題，而人亦不能以此問難康德也。」之時，他所重的是替康德澄清可能的誤會，我們也許不應說唐先生不了解康德的困難。因此，我相信唐先生也不應肯認康德這樣子證立的上帝。

---

76 唐君毅著，《生命存在與心靈境界》下冊，頁 298。
77 唐君毅著，《中國文化之精神價值》，頁 442。
78 唐先生所說的德性之樂，對康德來說是滿足（contentment）而不是幸福（happiness），參考 Immanuel Kant, *Critique of Practical Reason*, Lewis Beck trans.（Taipei: Hsi-nan Book Co., 1983）, pp.118-124.

　　更根本的是，我們要明白設準義的上帝是理性建構，不是客觀實有，就此而言，用理性設準也並不能證立唐氏心中兼有主觀及客觀義的絕對實在，因為此中並未證出任何客觀實在，以供我們形成唐氏所謂超主客的形上實在。至於從主體際之同情共感，而證一普遍客觀心靈之存在當然可以，但其義類似社會事實（Social Reality），依然沒有能夠證明一完全者存在於客觀世界中，這個普遍心靈的客觀性、普遍性，是依眾人思想中所共有而言，而非指可離開人的主觀思維而獨立存在而言，所以可稱為集體意識、社會意志，同樣沒有證出任何客觀實在，更遑論超主客的形上實在，而假如說一定要稱眾人所共有的境界，或眾人所共持的想法為神，就更難令人信服了[79]。

　　也許有人會說唐先生要證的超主客境中的客觀義，不是從獨立於人的主觀思惟而言，而是以互為主觀性來界定的，我也傾向這樣解釋唐先生所謂的超越的、普遍的心靈（神聖心體），因為這正可與其人文主義相配，而不必涉及宗教性的超越界。但是唐先生從早年起便自覺的要把超越的外在神納入他的系統中，他甚至說：「宗教生活之進於形上學者，則在

79 早在一九五四年，唐先生與勞思光先生就曾對類似的問題加以討論，當時勞先生就已指出如果聖神之殊，在於聖為獨立的境界，而神為諸聖所證之境界，則未見何以此境必需名為神境。勞先生進而說：「聖與神皆就境界言……以聖代神是以此境代彼境，斷無以具體之人代一境之理。」他主張「神與聖之殊，德性之完成及昇進工夫與宗教之歸宿及皈依崇拜之異，皆一隔與不隔之問題。」勞先生所論，實言之成理，持之有故。參考氏著，孫善豪等編，《思光少作集（七）—— 書簡與雜記》，（臺北：時報文化公司，1987 年），頁 254-269，引文分別見頁 256、257。

於承認肯定此諸形上實在如神佛之存在，人之精神之存在，
並求與人有一感通之關係。」[80]我們從他的著作，可以看出
他到了晚年還在堅持這種思想，所以才會有與上帝相會等談
法。我們可以說唐先生是從相互主體性來談這超越心體，但
他可能並不警覺到，這樣的談法事實上不能證出他要證的有
外在義的神聖心體。如果唐先生明知從相互主體性證不出客
觀意義的超越界，唐先生就應該知道他的九境論，是不能安
頓其他宗教了，特別是猶太基督教傳統了，因為互為主觀性
意義下的神，依然不足以獨立自存於人的主觀思惟之外，只
不過祂是存在於不只一個人的思惟之中而已；這是猶太基督
教傳統所絕不可能接受的。所以我認為唐先生自覺要證的超
主客境中的客觀，應不是以互為主觀性來界定的，但他所不
自覺的是，他實際上所證立的，卻真可從互為主觀性去理解，
因此我主張他沒能證立獨立於人的主觀思惟的客觀存在，更
沒能證立超主客的存在。而他所證立的，從單一主體言，是
道德、宗教的超越意識；從主體際言，則可說是集體意識、
社會意志，但無論是從單主體抑或是從主體際看，這兩方面
都可看作主觀性（subjective）的存在，這裡主觀性是就完全
者是由人的思惟所造，亦只能在人的意識中存在而言；故唐
先生所證立的超越者，亦並不能完全離開人的主觀思維而獨
立存在，因此亦無客觀性。即使一定要用互為主觀性來談客

80　參考 1954 年 12 月 9 日唐君毅致勞思光的論學書簡，見參考氏著，
　　孫善豪等編，《思光少作集（七）—— 書簡與雜記》，頁 262-265，
　　引文見頁 253。該函亦見唐君毅著，謝廷光編，《書簡》，收入《唐
　　君毅先生全集》卷 26（臺北：臺灣學生書局，1990 年），頁 353-357。

觀性，也最多是允許我們用客觀這一標籤而已，完全無助於
證立一可離開人的主觀思維而獨立存在的完全者。所以如果
我們說唐先生證立了甚麼的話，唐先生證立的還是主觀的境
界，其中並無客觀面，更無超主客可言。

　　談到這裡，也許有人會從根本立場反駁我們的批評說，
本來唐先生後三境談的就是超主客的境界，而上文的批評則
是建立在主客分立的立場上，所以根本不相應。這樣的提問
是重要的，沒錯，唐先生的超越界，也是絕對形上實在，絕
對是就不析離主客，滯於相對而言的，但是我們要指出的是
依唐先生的論證，並不足以證立他要談的歸向一神境的超主
客境界，唐先生在對比基督教和佛教之時，曾說：「一般世間
宗教之歸向一神者，其引人至於超主觀客觀之境，要在由下
界之有主客相對之境，升至一統主客之神境。此乃依於其心
靈之自提升，以成其自下而上之縱觀，而及於神之存在之肯
定，對神之信心、及默想、祈禱等，以日進於高明。佛家思
想，則要在由破除吾人之心靈對主觀客觀世界之種種執障，
以先開拓此心靈之量，而成其對法界之一切法之橫觀，以使
此心靈日進於廣大；更自上而下，以澈入於法界中一切有情
生命之核心，由其有所執而生之苦痛煩惱，更與之有一同情
共感，而起慈心悲情；再以智慧照明此有情生命之核心所執
者之本性空，而即以此智慧拔除其苦痛煩惱，以成此有情生
命之救度。此則與世間一般歸向一神之宗教心靈所嚮往之方
向，截然不同，而其教亦截然不同者。」[81]依照唐先生這樣

---

81 唐君毅著，《生命存在與心靈境界》下冊，頁76。

的了解，歸向一神的超主觀客觀之境，是先分別肯定主客，然後再加以超越的，因此要證這個超越的、絕對的形上境界，必需既能證主，也能證客，然後才足言超主客。通過上文的分析，我們指出唐氏的論證不能證立能獨立自存義的客觀實有，因此自然對所謂主客的超越、統一也談不上，那麼這一層的超主客境界又從何談起呢？事實上，唐先生的境界是超主客，通主客又統主客的，他反對以一絕對精神而抹煞主客的霸道哲學，唐先生是要兼存主客的超越界，它的超越是就不黏滯於主觀面或客觀面而言的，不是要否定主客，因此證不出客觀面，唐先生的超主客哲學系統的基礎至少就歸向一神境這一層面言是不穩固的。

捌、結語：唐氏論證的哲學意義

　　唐氏論證的困難已如上述，我們現在討論另一個問題：唐氏論證所顯示的意義。本文是要籍對唐氏超越向度的分析，探討唐氏哲學的本性 —— 宗教人文主義。那麼唐先生的宗教人文主義到底實際內容是怎樣的？我們現在先分析其宗教面。

　　上文的分析顯示，從唐先生肯定經驗萬有的存在看，唐氏所持的是實在論立場，而從他主張完全者須包涵萬有來看，唐氏之學在宗教成分上無疑是有泛有神論的性質。簡言之，我主張從肯定萬有言，唐氏為實在論，從包涵萬有言，唐氏為泛有神論。唐氏基本上也是本此兩立場來展開他的本

體論證的。

　　依唐氏補缺求全之義得來的完全存在者,自然是包涵此世間之一切存在而且更兼備其所缺。這使得唐氏宗教人文主義的包涵萬有的萬有在神論(Panentheism)色彩十分明顯,事實上,唐先生也曾明白承認說:「……泛有神論其旨與吾人之意亦最近。」[82]這裡唐先生所謂的泛有神論即 Panentheism,但是唐氏的泛有神論思想的確定意義是甚麼呢?

　　首先,從神的本性看,唐氏眼中的完全者不是一位格神,唐氏用「大力」、「大能」來描述。而從經驗萬有與完全者這兩者之存在性質看,上帝和世物的存在是同質的,於是上帝與世物遂非異質之二元,而為同質之兩極,從二元到兩極實際上是將上帝與世物放在同一連續體之上,唐氏這樣的思路自然與西方超越神的觀念大異其趣,而近於泛神論(Pantheism)或泛有神論。進一步分析這個問題須從神與經驗事物的關係入手,唐先生認為:

> 觀此西方上帝之哲學之發展,其根本問題仍在上帝之對世界為超越或內在之問題。若上帝為絕對超越世界,則恆導致以上帝吞沒世界,世界可有可無之論。若上帝為內在於世界中之自然與人類之歷史文化中,則上帝又可沉入於世界,而失其存在。此為對上帝之思想之根本兩難。懷德海則欲兼保存上帝之先世界性與後世界性,既超越世界,又內在世界,以與世界互相函攝。美人哈特雄 C. Hartshorne 發展其說為泛有神

---

82 唐君毅著,《生命存在與心靈境界》下冊,頁 19。

論 Panetheism，其旨與吾人之意亦最近。[83]

那麼哈特雄所發展的泛有神論是怎樣的呢？這當然涉及歷程神學的問題，我們不可能在這裡詳細討論，但是哈特雄本人倒曾提供一個簡明的定義，他說：「泛神論意即萬有即神，而泛有神論則是萬有皆在神之內的意思」[84]。從唐先生的完全存在者的無所不包的特性看來，萬有自然都為完全存在者所函攝，這種想法和哈特雄的泛有神論義旨相近，那麼唐先生的超越者自然亦可從泛有神論去了解，同時唐先生這種思路與泛神論是較為不同的[85]，因為他並沒有將世界直接視為神。更重要的是此包含萬有的完全者，並非黑格爾式無所不包的絕對精神，因為唐氏承認個別事物具有一定的獨立性，而不從肯定超越神入手，將萬物看為神的思想的不同表現，正為如此，唐氏在這方面稱揚萊布尼茲（Gottfried Wilhelm Leibniz, 1646-1716）而批評黑格爾。而正如杜普瑞教授也指出泛有神論與泛神論的不同在於「受造物在上帝之內維持自己的獨立性。[86]」唐先生這種保存萬有的個體性的看法，也是唐氏思路近於泛有神論的另一明證。通過這幾方面的分

83 唐君毅著，《生命存在與心靈境界》下冊，頁 19。

84 原文是："pantheism means that all is God; panentheism, that all is in God." 見氏著 "pamtheism and panentheism" 一條，收入 *The Encyclopedia of Religion*, vol. 11, pp. 165-171。

85 本人曾提出唐先生之學近泛神論，這個判斷實為不當。筆者舊說見於〈唐君毅先生超越觀述論稿〉，收入國立中央圖書館臺灣分館編印《慶祝建館八十週年論文集》（臺灣：國立中央圖書館臺灣分館，1995 年），頁 275-317。

86 杜普瑞著，傅佩榮譯，《人的宗教向度》（臺北：幼獅文化事業公司，1986 年），頁 352。

析，唐氏泛有神論的大端已可大致明白，這樣唐氏之宗教人文主義的宗教主要成分性質亦已清楚，我們現在再看唐氏之宗教人文主義的人文性質。

這涉及唐氏論證的終極實在的存有地位問題，從上文分析，我們已經知道，唐氏的本體論證只能證立一完全存在者的概念，而道德宗教生活的實存論證，也只能說人有求超越實然的我的超越意識，退一步說，即使唐先生真能證立形上實體，則此實體，此存有仍然是依人類意識所規定者。是則超越界不僅依人而撐開，更被人所規定，這逐使超越界淪為人類意識的產物，在這意義下只能談人類學的規定存有，而不能談宗教義的開顯存有，唐氏哲學立基於人的特色就明白不過了。更重要的是這種人學，這種人文主義是深植於道德意識的人文主義，可以稱之為道德人文精神。[87]

通觀唐氏的主要著作，我們不難發現貫通其論著的其中一個重要成份就是一極深刻的實存道德感情。我傾向於將它視為貫串唐氏哲學論著的主要線索，而超越界與人關係的密切，或者說天人關係的密切，實在也是這種想法的一種表現。與其說唐氏須通過哲學論證來打通天人，不如說是孟子所說的不容已的深刻的實存道德感情使人天不再相隔，是沛然莫之能禦的浩然之氣，使人負此補缺求全之責，規定存有，統整乾坤。

---

[87] 事實上，牟宗三與徐復觀等在反省他們和唐君毅的學術之時，莫不自承其學深具道德人文精神，參考徐復觀著，〈「死而後已」的民主鬥士 —— 敬悼雷儆寰（震）先生〉，收入徐復觀著，蕭欣義編，《儒家政治思想與民主自由人權》，（臺北：臺灣學生書局，1988 年增訂再版），頁 319-326；特別是頁 320。

　　在唐氏哲學系統中，人永不是孤立的存在，真正使人盡失價值是人放失其心，人從其存在基礎－仁－中疏離，才使人失去價值。人應努力尋回、實現並彰顯此存在基礎，而通過實現此人的本性，人可超越實然的我，而進昇至超越境界，我們也許可以這樣說，如果對基督教而言，拒絕讓上帝成爲上帝（let God be God），拒絕讓上帝成爲主宰，是人的最大罪惡；那麼我們可以說，對唐氏而言，拒絕使人成爲人，是使人墮落而沒有價值的最重要因素，我們可以進一步說人的道德價值正是天人不二的基礎。

　　使人成爲人是讓人的道德本性得以實現，而一個充份實現道德本性的人就是聖人，唐氏指出當人的德性完全發揮，就是聖人的德性，亦等同於和諧的宇宙德性。這當然預設了成聖是可能的，事實上，唐氏明白指出儒學的最高教義並不僅是了解到聖人與天地不異，而是更進而了解到人人都有能力成爲聖人。當然唐氏並非天真到相信不管如何，任何人都會事實上成功地成爲聖人，但聖界的可達致性，或人的可完美性事實上爲人的成聖希望提供了基礎[88]。

88 希望這一詞放在成德歷程中是值得進一步分析的，希望關連著的企盼和恐懼；事實上，人如果非常肯定他可以得到他所希望的，則他是有絕對信心得到而並非僅是希望得到而已，所以當我們說希望之時，其實同時已隱指著恐懼，我們恐懼不能獲得我們所希望的。所以希望是意願與完成中的歷程，我們一方面意願得到，一方面又尚未得到，我們一方面意願完成，一方面又尚未完成，就在這意願與完成之歷程間，隱藏著企盼，也隱藏著恐懼。這個歷程性是很重要的，當人希聖希賢時，他即涉身於一動態的轉化歷程之中，在這個歷程中，人必需與自我作戰，人須將向外征戰的能力，收攝回自我身上，天人交戰是一場去除實然惡性，使良知不再障蔽，而能自作主宰的戰爭，正如明代大儒王陽明所言，成聖是去此心中賊，但去

對唐君毅，甚至大多數儒家而言，這可達致性即孟子傳統所謂人皆可以爲堯舜，換言之，超越界的門永遠爲奮進的生命敞開，如此一來在成聖路上，永遠有慰藉相隨，永遠有希望相伴，這希望並非來自對救恩的期待，而是來自吾人對性善的大信，人自信通過功夫實踐，便能擴充其內在道德本性，而良知的充量發揮，便能使人昇進至超越界，這可說與陽明致良知的義旨相一致，同時也是傳統中國哲學既超越又內在的模式的延續，但它卻與巴特式（Karl Barth, 1886-1968）的完全他在徹底不同，論者甚至直指此爲儒耶之大別[89]。

我們可以這樣說，對人性的信心是唐氏及儒者之所重，而對唯一可決定救贖的上帝有信心，則是基督徒的所重，這自然也透露唐氏之學在根底上不僅還是人文主義的，而且更是道德人文主義。事實上，唐先生也曾明白指出他理想中的人文世界是以德性爲本的，所以他在〈科學世界與人文世界〉一文也說：「我理想的世界，我不名之爲聯合國的世界，我不名之爲社會主義的世界，共產主義的世界，而名之爲以德性爲中心而人文全幅開展的世界。」[90]

成聖的希望固然可以提供企盼，但也隱含著恐懼，不過這種恐懼不是卑微的有限者面對絕對的無限，強烈對比下的戰慄，而是出於道德自律，要自作主宰、護持本心的恐懼，

山中賊易，去心中賊難。在這長期的心靈爭戰中，超越界的可達致性就很重要了，它不僅是理論上的必需，更是心靈的撫慰。
89 劉述先曾指出巴特此觀念與中國哲學的不同，參考氏著，〈由中國哲學的觀點看耶教的信息〉，收入氏著，《文化與哲學的探索》（臺北：臺灣學生書局，1986年），頁177-787，特別是179-180。
90 唐君毅著，《人文精神之重建》，頁45。

這種恐懼可通過戒慎來界定，性善說下的希望，不是過度膨脹的自信，而是一種審慎持重的樂觀，儒門成聖之大義，一面是對人的良知良能的自信，一面是對現實臨淵履冰的審慎，所以儒家的功夫，重在時時磨鍊，處處省察。我們或許會問那麼此恐懼何來呢？人要自作主宰，即人的成德並無超越的保證，升降沉浮端視人心的所向，所謂自作主宰，即自負責任，且自作保證，此所以吾人會有恐懼，會恐良知的放失，懼本心的沉迷，勞思光先生分析儒家最高自由的概念，最能探驪得珠，他指出自由一面是沒有限制，一面是沒有保證，這正是道德自律下成聖功夫的最佳說明[91]。唐先生不假外神的超越保證，反求諸己，自律自定，自作保證的進路，亦正可見唐氏的哲學是講求道德自律的人文主義。

　　通過上文的分析，我們知道唐君毅先生的哲學系統中有人文成分，也有宗教成分，在宗教方面它以泛有神論為特色，在人文方面則以道德為基礎。走筆至此，我們不禁要問對唐先生來說，到底宗教與人文二者那一個才是根本呢？如果唐先生的思想是以人文主義為本，那麼唐先生談的就應是宗教人文主義（Religious Humanism），也就是說，這個思想系統是帶有宗教色彩的，不過它的基礎仍然是人文主義，而不是宗教。

　　但是假如唐先生的系統是以宗教為本，則也許我們應之為人文性宗教（Humanistic Religion），而不是宗教人文主義。要對這問題有任何判定，必須先決定對唐先生來說宗教與人

91　參考勞思光著，〈王門工夫問題之爭議及儒學精神之特色〉，收入《新亞學術年刊》，第 3 期，1982 年，頁 1-20。

文兩辭的確定意義。對這個問題，唐先生下面這段話殊堪注
意：

> 我們所謂人文的思想,即指對於人性、人倫、人道、人
> 格、人之文化及其歷史之存在與其價值，願意全幅加
> 以肯定尊重，不有意加以忽略，更決不加以抹殺曲解，
> 以免人同於人以外、人以下之自然物等的思想。
>
> 人文的思想與非人文的思想，或超人文的思想之不同
> 處，在人文的思想之發自人，而其對象亦是人或屬人
> 的東西。非人文的思想與超人文的思想之對象，則為
> 非人或超人。人與非人或超人可以同時存在。故人文
> 的思想，與非人文或超人文思想，亦可同時存在，而
> 二者之關係，是一邏輯上之相容之關係。[92]

　　分析這這一段話，我們可以印證唐先生心目中的人文主
義是以廣涵性為特徵的，這一點我們在上文已經觸及了，最
值得注意是唐先生在比較人文思想與超人文思想時，從對象
的從屬來區分二者，他主張人文思想發自人，而其對象亦是
人或屬於人的東西，相對的來說，超人文的思想對象，則為
超人，亦即不是人或不屬於人了。

　　貫徹這種想法，則人文思想體系中的神，也應是發自人，
而且是屬於人的東西。事實上，在唐先生的體系，神並非居
於核心地位，而更重要的是唐先生根本不認為宗教必須以神
為本，他說：

> ……宗教並不必以神為本，而唯以求價值之實現生發

92　參考唐君毅著，〈中國人文精神之發展〉，收入氏著，《中國人文精
　　神之發展》，頁 17-44。引文見頁 18。

之超越的完滿悠久為本。照我們之意，是儒家之非一
般之宗教之故，仍在于極平凡之一點上。即一般宗教
皆有神話或神怪之成份，為其宗教中重要成份。自宗
教精神論宗教價值，亦自不能太重視此神怪之成份。[93]

可見唐先生最重視的並不一定是神，而是一能使人超越
向上的意識，唐先生稱這種意識爲宗教精神或宗教性。唐先
生認爲這是儒學與其他宗教共有的特性。他說：「但儒家精
神，亦有與一切人類高級宗教共同之點，此共同點即其宗教
性。故過去曾有儒釋道三教之稱，而今後之儒家思想，亦將
不只以哲學理論姿態出現，而仍可成爲儒者之教。此儒者之
教與一切宗教之共同點，即他是重視人生存在自己之求得一
確定的安身立命之地的。」[94]

除了可以讓人安身立命外，儒學道德的實踐更能使人超
越向上，而這亦正是唐先生認爲儒學承順宗教之處。唐先生
說：「吾人如能深切了解儒家之本性本心，即一切宗教精神與
信仰之所自發之根原所在，則知儒者所言之盡心知性之道德
上實踐工夫，即一直承順一切宗教之根原處，再自上而下所
開啓之實踐工夫。」[95]所以唐先生不認爲宗教與儒學是對立
的，他指斥將儒學視爲只講現實倫理，所以缺乏宗教層面，
甚至反宗教的看法，他非常清楚的說：「而世俗之儒，則溺於

93 唐君毅著，〈宗教信仰與現代中國文化〉，收入氏著《中國人文精神
之發展》，引文見頁 371。

94 唐君毅著，〈宗教信仰與現代中國文化〉，收入氏著，《中國人文精
神之發展》，頁 373。

95 唐君毅著，〈宗教信仰與現代中國文化〉，收入氏著，《中國人文精
神之發展》，頁 379。

卑近凡頊之見，反以儒學儒家之只談現實自詡，而忽視儒學精神高明一面。一般宗教徒，則亦有意無意的抹殺其此一面。由此而人或則據儒學，以反宗教，以為儒學只可與科學結合，或則以儒學缺乏上面一截之宗教精神，欲在儒學之頭上安放一上帝或佛。然實則儒學之精神，固可與科學結合，然其本身亦有宗教性，因而不能為反宗教者。其所涵之宗教性與其形上學，人生倫理思想配合，已儘足夠使人安身立命者。」[96]

　　唐先生是認為儒家人文主義不反宗教，其實並非只要將儒學視為宗教的一種，因為倘如此，則儒學只是世界上眾多宗教中的一種，而陷入相對的地位。唐先生要保住儒家的獨特性，他認為對照世界各教，儒學的超越無限的精神較弱，所以在他教之下。但是儒學能夠讓人充量發揮宗教精神，建立更高的大信，則儒學是超越在各教之上的。這個肯定就點出唐先生心目中儒家的特殊地位，也顯示出若不從超越無限的精神層面著眼，則宗教應在以人文精神為特色的儒學之下。

　　所以唐先生也指出，宗教居於陰位，而不是陽位，從陰陽立論，實際上是指出主從之別，道德人文是主，而宗教是從。唐先生認為「……中國文化非無宗教，而是宗教之融攝

96　唐先生說：「宋明儒之以儒學與其他宗教相抗，固有樹立儒學之壁壘之功。然使儒學與宗教為敵，則亦正不免使儒學之地位落於相對之中。而吾人今之不使儒學與宗教為敵對，則謂儒學之地位在一切宗教之上之下皆可。謂其在下，乃言其所表現之超越無限精神，不如其他宗教之明朗。謂其在上，則言其能使人由人之自覺其宗教精神，或自宗教精神之自覺，以建立一更高層次之自知自信。而此正所以樹立儒學之一獨特之地位，而擴大儒學之道路者也。」參見唐君毅著，〈宗教信仰與現代中國文化〉，收入氏著，《中國人文精神之發展》，頁 377-378。

於人文。」[97]而他在〈宗教精神與現代人類〉一文更明白的宣示:「我們的新人文主義……仍是以人文之概念涵攝宗教,而不贊成以宗教統制人文。」[98]既然這樣,則人文是本,宗教是末;人文是主,宗教是從。這樣唐先生所倡導的是宗教的人文主義,就毫無問題了。當然主從雖然有別,卻不代表吾人只要儒學,而不需宗教。反之,儒學的充量發展應該兼容宗教。所以唐先生非常清楚的說:「而吾之立定吾人之立場,即爲兼成己與成人之事,成就儒學,亦成就宗教之事。在此義上吾人即可說儒家之精神之存在,將爲一切宗教存在於中國於世界之一基礎。而亦爲使一切宗教之逐漸匯通融合,成爲可能之真實基礎。[99]」

總結來說,我們可以說唐先生的論證並不能支持他所要證立的神(完全者),不過唐先生對這也許不會太介懷。因爲唐先生根本認爲他所要論證的理境,正是哲學論證所不能證立的,甚至是非語言所可及的[100],這倒有一點像佛教指月之指的看法了。所以唐先生不但認爲《生命存在與心靈境界》這本哲學巨著可以不讀,他甚至認爲:「世間一切哲學論辯之著,亦皆可讀可不讀,可有亦可無也。」[101]

97　唐君毅著,《中國文化的精神價值》,頁 7。

98　唐君毅著,《人文精神之重建》,頁 29。

99　唐君毅著,〈宗教信仰與現代中國文化〉,收入氏著,《中國人文精神之發展》,頁 398。

100　這種想法在新儒家中十分普遍,近年馮耀明教授對這問題有一重要批判,參考氏著〈當代新儒家的「哲學」概念〉,收入牟宗三等著,《當代新儒學論文集·總論篇》(臺北:文津出版社,1991 年),頁 349-396,特別是頁 373-383。

101　這並非說哲學一無是處,而是點出哲學的功能與限制,因爲唐先

　　唐先生固然知道哲學有成就學問知識的功能，但是他更重視哲學的另一任務：「成就吾人生命之真實存在，使唯一之吾，由通于一永恆、悠久、普遍而無不在，而無限；生命亦成爲無限生命，而立人極。」[102]事實上，唐先生這種態度無異是重視哲學之成教功能，多於成學功能；從成學到成教，是理論立場的極大轉移，它代表實踐信仰重於理性辯解，成就人格重於建立知識，於此唐先生思想中的宗教性就非常明顯了。唐先生用哲學思辯以疏理儒學，闡明義理，建立系統；但唐先生用心卻不在哲學知識之上，他要以哲學思辯「指」示心性之學的空間，我想他也不要人們耽與論證，耽於這指月之指。

　　更重要的是我們不能抹煞先生弘揚儒學的悲願，更不應忽視先生的救世的仁心。我們了解對唐先生來說，振興中國文化，喚醒道德靈魂，是再重要不過的事了；在這樣的考慮下，哲學論證最重要的功能自然是引發人們向道之心，用唐先生的話，就是使靈根再植。如果是這樣，而這個理境又是超知識的，是在語言之外的，則這個心性之學的超越層，就應在嚴格意義的哲學思辯範圍之外，既然如此，自亦非盡是理性知識的對象，也許這個心性之學更應稱爲心性之教吧。[103]

生以爲哲學論辯是對問題而發的，無問題則原亦不必讀哲學著作，但是唐先生也肯定哲學的功能，他說知哲學的限制還是哲學思辯，所以人惟有通過哲學思辯方能明瞭哲學的限制。引文見唐君毅著，《生命存在與心靈境界》上冊，自序，頁7。

102 唐君毅著，《生命存在與心靈境界》上冊，頁27。

103 不過，宗教、哲學的概念本來就是西方舶來品，唐先生亦本以弘揚儒學爲己任，而儒學是否可放入這些西方分類之中，本來就是一個問題，不過勞思光教授近年的主張值得參考，對於中西哲學

所以唐先生的宗教人文主義，語其基礎是道德人文主義，但論其超越向度，則明顯有一種深刻的宗教的超拔精神貫徹其中。

（本文原於一九九六年十二月二十二至二十四日發表於鵝湖雜誌社舉辦的「第四屆當代新儒學國際學術會議」，該文並榮獲八十六年度國科會甲種研究獎勵）

傳統的定性，勞思光先生曾就哲學功能分判為認知性與引導性兩型，所謂認知性的是指其哲學功能主要擺在建立知識之上，所謂引導性的則主要求生命或自我的轉化。前者主要涉及智性的領域，後者則偏主意志的領域。勞先生這個看法，放在唐先生的系統上，依然有效，在這裡也可看出唐氏之學盡管出入東西，但基本的取向還是東方的引導型哲學。有關勞先生這個看法，參考氏著〈從“普遍性”與“具體性”探究儒家道德哲學之要旨〉，收入劉述先主編《儒家倫理研討會論文集》（新加坡：東亞哲學研究所，1987 年），頁 16-28。或參考勞思光著，〈對於如何理解中國哲學之探討及建議〉，收入《中國文哲研究集刊》，創刊號（1991年 3 月），頁 89-115。

第三章 唐君毅先生的死亡觀

壹、引 言

宗教人類學家愛德華・泰勒曾指出偉大的宗教的教義之一，就是深信靈魂在死亡後能繼續存在和生活，而這種來世信仰可分爲兩部份：第一是靈魂轉世，第二是死後靈魂的續存。[1]宗教安頓人心的力量之一在於對人生的問題提供答案，因此宗教傳統在反省人生的問題的時候，莫不觸及生死亡議題。基本上，如果要充分理解人生，就必須同時掌握死亡。在世間的事物，有生就必有死；沒有死的生是不存在的，生死可說是自然生命的起點與終結，是同一光譜的兩端，所以不談死亡的人生觀是欠缺的。

儒學奠立中國人的人生哲學基調，它的死生大義影響東亞世界那麼它又如何面對死生之人生大問題呢？季路曾問孔子事鬼神及問死，孔子回答：「未能事人，焉能事鬼？」「未知生，焉知死？」[2]孔子這個說法成爲儒家對生死問題最重要

---

1 參朱狄著，《原始文化研究》（北京：三聯書局，1988 年 2 月），頁 26-27。
2 （魏）何晏集解，（宋）邢昺疏，（清）阮元校勘，《十三經注疏・論

經典表述。但是許多學者卻認爲孔子（甚至是儒家）是不談死亡的，甚至直指儒家逃避死亡問題，或者是對死亡缺乏深刻了解等等。[3]

其實，歷代大儒雖然對死生大事的看法並不一致，但是生死問題確實構成儒學重要的議題，有人甚至將生死問題視爲至關緊要的工夫關口，如明儒王守仁曾說：「學問功夫，於一切聲利、嗜好，俱能脫落殆盡，尚有一種生死念頭毫髮掛帶，便於全體有未融釋處。人於生死念頭，本從生身命根上帶來，故不易去。若於此處見得破，透得過，此心全體方是

語正義》（臺北：大化書局，1982 年 10 月影印清阮元校勘本），下冊，卷 11，頁 43 上。

3 這些評論有些出自外國學者知名的死亡學研究，外國學者不了解中國文化者甚多，本不足爲怪，但因爲近年曾經出現過死亡學熱潮，於是就出現林林總總探討死亡的專著，但是就在這些國人所寫的專著中，上述的負面意見依然充斥，其氾濫的程度甚至可說是一種「共識」，這就值得注意了。例如 Jacques Choron wrote, "Confucius resort that 'we do not know anything about life what can we know about death?'…is a simple evasion and misses the point." Jacques Choron, *Death and Western Thought*（New York: Collier Books, 1963），p. 271. 又如鄭曉江根據「未知生，焉知死」一語，認爲孔子「對死取一種存而不論的態度。」而這句話「實際上大大削弱了自身對死亡的深刻體認，從而也降低了自我在死亡過程中及面對死亡時的心理調適能力。」參氏著，《中國死亡智慧》（臺北：東大圖書股份有限公司，1994 年 4 月），頁 2-3。張志偉、馬麗雖然肯定「未知生，焉知死」這句話的積極意義，但是「這種生死觀有一個致命的弱點，那就是它把生與死看作兩回事，而且是毫不相干的兩回事，這就使它對人生的思考缺乏深度與力度。」參張志偉、馬麗，《生與死》（河北：河北人民出版社，1996 年 12 月），頁 25。趙有聲等也評論道：「總之，孔子是在通過各種手段來逃避死亡。」見趙有聲、劉明華、張立偉《生死·享樂·自由》（北京：國際文化出版公司，1988 年），頁 74。

流行無礙，方是盡性至命之學。」[4]唐君毅先生以儒者自居，也以復興儒家文化自許，當然依著儒學的思路，深切反省死生之大事。本文嘗試展示唐君毅先生對死亡的看法，或有補於當代儒學之研究，及當前國人對儒家死亡觀的認識。[5]本文的設定的工作目標則是從唐先生的遺著中，試圖較全面地整理出相關死亡議題的重要論點，同時，也嘗試清理出唐先生的論旨的主要輪廓，藉以彰顯唐先生死亡觀的體系，並反省其理論特色。

貳、死亡問題的提出及其重要性

中國人大多忌諱談死，但唐君毅先生卻認為人不但不應逃避死亡問題，反而更應將死置於目前，將死置於生之中：

> …果死為人生必至必遇之一事，則吾人實不能置死於不顧。…而人之能常置死於目前，在未死之時先期迎接死，而置「死」於有生之中，正人之所以得超死而

---

4 陳榮捷著，《王陽明傳習錄詳註集評》（臺北：臺灣學生書局，1983年12月初版），卷下，黃省曾錄第278條，頁334。

5 就筆者所知，陸達誠先生是最早撰文探索這一議題，陸先生曾從游於唐門，所撰專文已頗能展現唐先生大旨所在。陸達誠著，〈唐君毅的死亡哲學〉，見載於《哲學年刊》第10期（1994年6月），頁43-58；及《哲學與文化》第21卷第7期（1994年7月），頁608-619。此外僅有施穗鈺曾撰寫從事這方面的探索，參氏著，《唐君毅論道德理性與生死觀之研究》（國立成功大學中國文學研究所碩士論文，1997年7月2日）。施氏的探索主要見於該文頁52-113，對唐先生的資料有彙整的貢獻。

永生之一道也。[6]

在這裡我們看到唐先生對死亡的重視，事實上，唐先生認為人類對死亡問題的探索，自有其內在原因及重要價值，在他早年的著作《中西哲學思想之比較論文集》中曾經提到：

> 蓋水火無知，人則有覺，水火可不問其始終，人則不能不問也。若謂人應求自然，不越自然所加於吾人之限制，則吾將曰：自然真加限制於吾人，則不應使吾人復生追索生前死後之心；吾人既有追索生前死後之心，則自然未嘗加吾人以限制可知。若謂即此追索生前死後之心亦即自然所賦與而加於吾人之限制，則吾人追索生前死後之心亦即自然限制中之正當活動；追索生前死後，正所以順自然也！[7]

分析這一段的意思，我們可以知道唐先生認為人非草木瓦石，是有知覺的，順著覺知的發展，人們自然會探尋生前死後的始終問題，人能提問生死問題，則反見對於生死問題的討論，並不受自然所限制。當然唐先生已經公開宣示放棄這本早年舊作，[8]但是有關死亡議題的探索，唐君毅先生卻始終認為是人類古今共同的大問題，也正因為這個持之以恆的重視，唐先生在一九五八年二月又就死生的問題，加以系統的探索，在文中唐先生明確的說：

---

6 唐君毅著，《人生之體驗續編》第六篇〈人生之虛妄與真實〉（臺北：臺灣學生書局，1984 年全集校訂版），頁 128。

7 唐君毅著，《中西哲學思想之比較論文集》（臺北：臺灣學生書局，1984 年全集校訂版），頁 439。

8 參唐君毅著，《中國文化之精神價值》（臺北：正中書局，1953 年 5 月臺初版，1984 年全集校訂版），〈自序〉，頁參-玖。

人死了，究竟其精神是否即莫有？如有，到何處去？
此是古往今來，無論野蠻民族文明民族，無論智、愚、
賢、不孝，同有之一疑問。[9]

由此可見，唐先生自身的哲學立場雖然改變，但是他探
索死亡問題的興趣並未稍易。其實在稍早一篇介紹海德格的
論文中，唐先生已經間接地旁涉死亡的議題。他在〈述海德
格之存在哲學〉一文中甚至說：

人生之全體，必須包含死來了解。最高的哲學智慧，
必須包含死之智慧。…孔子說未知生焉知死。海氏則
另說一相反相成的道理，即人如不真知死，則亦不能
知生。海氏之說，可為基督教之由死以求生，作另一
註解。

我們說死是人生之終結，然而每一人亦正必須走向此
終結，才成一段落的人生。一段落的人生，才是整個
的人生。[10]

就此而言，可知唐先生認為死生問題不只事實上是古往
今來人類共同的疑問，更主張死亡是最高哲學智慧應有的成

9　唐君毅著，〈死生之說與幽明之際〉，收在氏著《人生之體驗續編》，
　　頁 101-115；引文見頁 102。案：該文之作是因為唐先生的友人丁
　　文淵先生的死，有感而發，時為 1957 年 12 月 31 日。參唐君毅著，
　　《日記》上冊，（臺北：臺灣學生書局，1984 年全集校訂版），頁
　　305。

10　唐君毅著，《哲學概論》下冊（臺北：臺灣學生書局，1984 年全集
　　校訂版），附錄，頁 82-83。唐先生在 1952 年 4 月 11 日去信徐復觀
　　先生提到自己想撰文介紹海德格思想，而在這篇文章是在 1952 年
　　6 月開時寫，7 月 25 日完成並寄到新思潮社刊登。參唐君毅著，《書
　　簡》（臺北：臺灣學生書局，1984 年全集校訂版），頁 71-73。及唐
　　君毅著，《日記》，上冊，頁 121-123。

份。學界對唐先生晚年的力作 —— 《生命存在與心靈境界》
在超主觀客觀境中，綜述基督宗教、佛教與儒家，而力陳儒
家天德流行境勝義，應不陌生。而從唐先生對死亡問題的重
視，將死亡問題推到最高哲學智慧的高度，我們對先生在天
德流行境這一部份，特別設置一整節談論死的智慧這一做法
就應該視爲理所必致，勢所必然。[11]

　　雖然死亡問題是必須討論的，但是如何才能夠討論死亡
問題卻有理論上的困難。因爲嚴格的說，我們沒有體驗死亡，
既死則不能談生，而仍然生存者則沒有死亡的經驗，古代伊
壁鳩魯（241-270B.C.）就是從無感覺的角度論證「死對我們
毫不相干，因爲凡是消散了的就沒有感覺，而凡無感覺的就
是與我們無干的。」[12]所以在提出死亡觀之前，必須先處理
談論死亡問題所遭遇到的理論困難。

參、討論死亡問題的困難及回應

　　唐君毅先生了解死亡問題雖然是人類非常關心的問題，
但是對死後的世界人似永遠無法提出絕對的答案。所以唐先

---

11 參考唐君毅著，《生命存在與心靈境界》（臺灣：臺灣學生書局，1984
　年全集校訂版），下冊，頁 164-175。
12 引言見《古代希臘羅馬哲學》（北京：商務印書館，1982 年），頁
　343。惜筆者遍查臺灣、香港及新加坡主要圖書館均未見此書，這
　裡參考的是段德智著，《死亡哲學》（湖北：湖北人民出版社，1996
　年 7 月，2 版）81-88。引文轉引自段著，頁 85。另外參考波伊曼
　著，江麗美譯，《生與死 —— 現代道德困境的挑戰》（臺北：桂冠圖
　書公司，1995 年），頁 40-41。

生認為「純從知識的立場，我們對此問題，最穩妥的辦法，是自認無知。」[13]而有關討論死亡問題的困難，唐先生特別注重兩點，第一是知識論的挑戰，第二是他所謂的唯物論偏見。

從嚴格知識論的立場看，死亡問題雖然是人類非常關心的問題，但是對死後的世界人似永遠無法提出絕對的答案。所以唐先生也認為「純從知識的立場，我們對此問題，最穩妥的辦法，是自認無知。」[14]他的解釋是「因死後之世界，如一黑暗中之無涯的大海。…此黑暗之大海，原不拒絕人作何種之想像與思慮的推測…然而人亦似永不能有一絕對的標準。」[15]換言之，因為對死後的認知無法建立確定性，所以不如存疑或主張不可知論。

其次，唐先生特別注重對唯物論的反駁。唐先生認為唯物論主張「人之身體之停止呼吸與肉骨朽壞後，人之精神即一無復餘。」[16]所以死後種種亦無可討論。

對於上述兩個否定或懷疑的態度，唐先生提出他的回應，並連帶提出他對於幽冥世界的存在與溝通幽明兩界的基礎的兩問題的看法。

首先，讓我們看看唐先對唯物論的回應。他說：「在生前已超乎生死之上的精神，是斷然不能有死的。」[17]唐先生認為人既然能夠規劃身後的情事，可見人的精神可以超越死亡。

---

13 唐君毅著，《人生之體驗續編》，頁103。
14 唐君毅著，《人生之體驗續編》，頁103。
15 唐君毅著，《人生之體驗續編》，頁102-103。
16 唐君毅著，《人生之體驗續編》，頁103。
17 唐君毅著，《人生之體驗續編》，頁104。

　　更重要的是唐先生並沒有自限於知識論的立場，他說：「人對於人生之真了解，與對死者之真情實感，卻展露出一條由生之世界通到死之世界、由現實世界通到超現實世界，由光明通到死之黑暗的大路。此之謂通幽明的大路。」[18]所以唐先生在談及如何證明可以徹通幽明等問題時又說：「則此非世間之一切思慮推測與想像之所及，而仍唯有由自人之所以生此大哀大惑中之深情厚意中領取。」[19]在這裡，最值得留意的是所謂在「深情厚意中領取」，這是重視情意上感取，而不從認知上證立。實際上，唐先生談到感情與意志兩面，我們不妨合稱爲情志層面。

　　唐先生從情志上著眼，而認爲死者雖往，但其精神情志，長垂於世；而同時，生者又能上接死者遺留於世間的種種，於是形成在精神世界中，生者與死者的相接相感。於此，由單一主體的辯證性到對話性的感接。這一點我們在下文再詳談，但是能夠談生者與死者的交接，必須先肯定人死後仍然以某種形式或狀態存在，然後才可以說生死相接。唐先生曾用不同辭彙指示這肉身死後而仍然存在的形式或狀態，包括精神、心、心靈等等。因之，我們知道唐先生的死亡觀是從分離身體與精神，或身與心兩者立言的，讓我們在下一節轉到這個問題上。

18　唐君毅著，《人生之體驗續編》，頁 103。
19　唐君毅著，《人生之體驗續編》，頁 107。

肆、從形神關係反省死亡問題

　　用中國古代哲學的語言來看，唐先生曾就形與神反省死亡問題。這主要圍繞著形神二者的關係來立說，他的論述焦點有二：其一，形滅而神存，其二，形非神的工具。當然唐先生也曾運用身與心或精神與肉身這些兩兩相對的概念立說，他試圖說明人的心靈、精神具有獨立性，不隨肉身乏之死亡朽壞而消滅。

　　一般人常會設想身心是相互依存的，所以身死則靈滅。但是唐先生認為人對身後能夠有種種規劃，所以可見「此心思與精神，即是已超出其生前的身體的心思與精神了」[20]，既然心對外界能有所認識，則心靈必然不限於肉身之中，因此他認為將心靈限於肉身實在是自小之說。[21]同時，既然心思精神可以超出身體，則心思精神亦應不隨肉身之死亡而消滅。事實上，在身與心的關係的判斷上，唐先生認為：

> 身與心二者只有函數關係。吾人之心非在身體中，若心在身體中，應只思五臟六腑，隨而識外界為不可能——至多亦只能認識外界對於身體之影響。然吾人心確能認識外界，故心決不在身體中。心之所在，據「能」「所」不離之理，應即在其所思之境。心之所思不隨

---

20 唐君毅著，《人生之體驗續編》，頁 104。
21 唐君毅著，《道德自我之建立》（臺北：臺灣學生書局，1985 年 9 月），頁 111。

身體俱滅，故心亦不隨身體俱滅。身體所留於心中之
印象者亦屬心，故身體亦有隨心不滅者。人之全人格
即等於其心之經驗全部。[22]

為了說明心靈不會隨肉身之死亡而消滅，唐先生在《心
物與人生》一書中，曾以登山作譬，他說：

生命的活動雖似乎消滅了，然而他會轉化為其他將來
之生命活動。猶如我們遠遠看見一人在繞山走，漸漸
看不見，這只因為他轉了彎，暫向另一進向走去，如
果我們只以山之橫面為唯一真實，我們會以為他已死
了。[23]

登山客因轉彎而不復為我所見，我們只能說他在另一段
路途之上，但我們並不能因為我不能再看見他而說登山客已
經消滅。依唐先生之見，人的死亡只是在生命的「轉化為其
他將來之生命活動」，不能便說消逝無存。

其次，心靈不但不隨肉身之消逝而消滅，唐先生更認為
心靈的發展與成就恰好是建立在肉身的消耗上。當然肉身有
要求延續的欲望，但是「我們從來不曾為身體之存在而求身
體之存在。」反之，人們希望成就生活，成就精神活動，而
這種種成就是依靠肉身消耗的。唐先生明白的說：

…我們之精神，通常只向著我們之身體以外的東西，
而後成就我們的生活，而後我們希望我們之身體存
在。我們從來不曾為身體存在而求身體存在。我們只
是憑藉身體之存在，以成就我們之生活，與我們之精

---

22 唐君毅著，《中西哲學思想之比較論文集》，頁 445。
23 唐君毅著，《心物與人生》，頁 82。

神之活動。然而我們多活一天，我們之依于物質的身
體之自然生命的力量，即多用一分。每一種生活之成
就，都依于物質身體中之能力之耗費，即自然生命力
之耗費。每一耗費，即使我們更進一步迫近死亡。[24]

因此精神活動而來之生活成就，實際上是以建立在形軀
之死亡上的，也就是說人藉肉身之存在，以成就精神活動。
唐先生認為：「我們之精神，通常只向著我們之身體以外的東
西，而後成就我們的生活，而後我們希望我們之身體存在。」
[25]分析唐先生的想法，實際上就是將精神發展與形體延續視
為一組此消彼長的活動：

> …人的生活與精神活動之逐漸成就，而由不存走向存
> 在；即依于人的身體與自然生命，由存在以走向不存
> 在之上。此二者是一切人生所同時具備。而方向相反，
> 並相依並進之二種存在動向。[26]

換言之，精神世界的從無到有的創造，是依靠自然生命
從有到無之消耗。再順這條思路往前推進一步，假定精神或
心靈是人生或人生的一部份，而精神或心靈又可以離開肉身
而存在，則肉身的消滅，不代表精神消滅，因此人生也沒有
消滅，唐先生導出這樣的結論：「死非人生之消滅，而只是人
生之暫終。」[27]所以在說明了形神此消彼長的關係後，唐先
生進而肯定的提出「人之精神本無死」、「非精神真有死之謂

---

24 唐君毅著，《人生之體驗續編》，頁 105。
25 唐君毅著，《人生之體驗續編》，頁 105。
26 唐君毅著，《人生之體驗續編》，頁 106。
27 唐君毅著，《人生之體驗續編》，頁 106。

也」[28]等判斷，實際上認為精神不死。唐先生並且認為：

> …吾人之思想行為蓋皆在變中求常。一切科學藝術政
> 治宗教之可能，無不本於此。吾人既無往不於變中有
> 常，則吾人之求吾人人格之常於變中，亦自吾人理性
> 上應有之權。吾人人格若果一死即煙落銷沈，化為異
> 物，則實為有變無常也。故吾人求其不朽不角斷滅，
> 實為論理上之應然。[29]

既然肯定人之精神不會隨肉身之死亡而消滅，那麼何以
人又會懼怕死亡呢？唐先生認為這是「因人之欲留此身體，
以更成就其生活與精神活動」[30]，而人之關心身體之死亡，
唐先生認為：

> …此乃由人之心靈在其現實的存在上，乃恆是懷抱種
> 種目的、理想、志願，欲憑藉吾人之身體之動作，加
> 以實現於客觀世界者。[31]

人的精神生活依靠形體才得以在客觀世界實現，但肉身
又不免死亡、這是永恆心靈與短暫的肉體的矛盾，是無限精
神與有限人生的矛盾，唐先生說這是「吾之人生內部之大矛
盾」。[32]而此矛盾如何解決呢？唐先生說：

> 欲解決此問題，須先知吾人之志願有二種。一為直接
> 自吾人之超越的心靈之本性發出之無盡的成己兼成物

---

28 唐君毅著，《人生之體驗續編》，頁106。
29 唐君毅著，《中西哲學思想之比較論文集》，附錄〈論不朽〉，頁
　　443-444。
30 唐君毅著，《人生之體驗續編》，頁106
31 唐君毅著，《人生之體驗續編》，頁129。
32 唐君毅著，《人生之體驗續編》，頁130。

> 之涵蓋的志願。…其另一種志願，則為吾之心靈直接
> 望吾之身體，就其力之所及，以作其理當由吾而作之
> 事之個人的志願。[33]

　　唐先生認為就天下「公願」的實踐言，本來就不是一人一時所可完成，所以一方面不必求長生不死，另一方面則可寄望他人完成。其次，所謂「望吾之身體，就其力之所及，以作其理當由吾而作之事」，自然是扣緊依理盡分的義旨來立說的，人對依理而來的種種責任義務，自然都應該一一照應，但是肉身畢竟有限，我們也只能在能力範圍內盡份而已。但唐先生並未滿足於此，他參考法國存在主義哲學家馬塞耳（G. Marcel, 1889-1973）的說法後，又從身心關係補充這一議題：

> …因身體如只為工具，則目的理想未達，吾必執著此
> 工具，不忍捨離…實即已使其自己陷落於身體之中。[34]

　　唐先生擔心人們將身體僅僅視為實現心靈之工具，則易生執著之心，唐先生以為釜底抽薪的關鍵在於不將身心關係視為工具關係，而轉而看成為一呼應關係，唐先生有一段非常精彩的說明：

> …即當使人之心靈與身體之關係，如一呼一應，能直
> 下圓成者。呼是心願，應是身行。心所願者，直下只
> 是此身之行，另無外在目的。則心身之關係，才呼即
> 應，才應即止。處處道成肉身，處處肉身即道。肉身
> 化往，此心此道，即合為神明，存於天壤，寄於他生。

---

33 唐君毅著，《人生之體驗續編》，頁130。
34 唐君毅著，《人生之體驗續編》，頁130。

35

　　呼應一語點出身體的非主客對待下的物質工具，而是能夠主動回應的主體。這使身體由役使性的工具，一轉而為能相呼應主體。這其中根本的重要性在於點出主體性，身體本來就兼有 being 及 having 二種特性，我既擁有身形體，我也是這個身體。更重要的是身體與心靈合成主體，則身體的價值不應再僅僅被視為實現心靈的工具，反之，價值的實現就是身體的自我實現，因此，肉身的死亡並非破滅虛無，因為身體在自我實現中，創造價值而能長存於心，而心不滅，故身將與心永恆地共存，所以唐先生說：「身體所留於心中之印象者亦屬心，故身體亦有隨心不滅者。」[36]

伍、打通生死的大道 —— 由對待性的　　認知到實存的感格

　　唐先生在〈死生之說與幽明之際〉提到世人對於鬼神的認知：

> 世俗之為學者曰：死者不可知。遂任死生路斷，幽明道隔，而聊欣樂于人生之所遇，宗教哲學家形上學家之措思于此者，恆謂死者之靈魂自存于形上之世界，或上帝之懷，或住煉獄以待耶穌之再來，或由輪迴以

---

35 唐君毅著，《人生之體驗續編》，頁 131。
36 唐君毅著，《中西哲學思想之比較論文集》，頁 445。

化為他生。是皆各可持之有故，言之成理。[37]

　　世俗學者以為死者不可知，宗教哲學家形上學家則認為可知，面對死後有種種說法，唐先生認為「皆各可持之有故，言之成理」。但可知或不可知，是認知論的提法，而唐先生的想法則試圖超越知識論的限制，因為他根本反對將鬼神視為認知對象：

> …而化鬼神之狀，為知識之對象，以成被知；終將不免陷吾人之明知，以入幽冥而不返；此非所以敬鬼神而成人生之大道也。凡為此類之說者，皆不知凡只為知識之對象者，皆在能知之心之下，無一能成為我們之所敬；而人之念死者之遺志，與未了之願而受感動者，皆覺死者之精神，如在其上，如在左右…故我必先覺死者之如出于幽以入于明，而後乃有我之明之入于幽，以為回應，而成其互相之感格。[38]

　　認識對象必然是主客對待的，所以唐先生說「凡為此類之說者，皆不知凡只為知識之對象者，皆在能知之心之下，無一能成為我們之所敬」，但鬼神是人們所敬的，所以對待性的認知進路，「非所以敬鬼神而成人生之大道也」。既然重視對鬼神的敬意，人們便應該由對待性的認知導轉成為實存的感格，我們從實存的進路，先打開感受鬼神的遺愛與遺願，召喚與感動，然後再以一顆誠敬的心回應，由實存的心靈感受，到實存的感動。「故我必先覺死者之如出于幽以入于明，而後乃有我之明之入于幽，以為回應，而成其互相之感格。」

---

37 唐君毅著，《人生之體驗續編》，頁 109。
38 唐君毅著，《人生之體驗續編》，頁 109。

認知對待指向能主動的能知主體與被動的所知客體，感格呼應則指向主體際之互動。亦即必須有雙向的主動－死者的主動與生者的主動。

從死者言，死者雖然離開此世，但是對人世間的餘情不斷、遺志未了，就必然對世間產生種種的寄望，用唐先生的話來說，就是「不能決此塵世而無餘情。」[39]

而從生者言，生者對死者之不忍其死，自期盼其存在。唐先生說：「人有其概念觀念之常在，並有對死者之追念之情，必不忍於見其所愛敬之生者之自身之一死而無餘，故宜當依理以信鬼神之存在，方足慰人之情。」[40]馬賽爾也曾說：「去愛一個人，就等於對他說：你，你不准死。」生者對死者的深情常讓生者要求死者的恆住不滅。[41]

同時，死者的遺願、企盼，深情偉志，又常能感動生者，於是生者轉生紹述繼承的願力與行動，上繼往聖先賢的偉志宏願，光大天地祖宗的潛德幽光，這就構成種種呼應，而「一切足以直接間接上應合于死者生前之所願望者，亦皆足以成死者之志，而逐死者之情，足以慰其在天之靈。」[42]

綜合的說，生死之不離就在於情感上的割捨不下與志向上的感動人心，所以通陰陽，接生死，就在順逐情志。即讓

---

39 唐君毅著，《人生之體驗續編》，頁 110。

40 唐君毅著，《生命存在與心靈境界》下冊，頁 171。

41 參關永中著，〈愛與死亡 —— 與馬賽爾懇談〉，見《哲學雜誌》第 8 期（1994 年 4 月），頁 116-142。該文後收入關永中著，《愛、恨與死亡 —— 一個現代哲學的探索》（臺北：商務印書館，1997 年 4 月），頁 479-515。

42 唐君毅著，《人生之體驗續編》，頁 111。

體情逐志的深情與誠敬，溝通生死之隔，唐先生有一段明白的話：「此道亦無他，即直下斷絕一切世俗之思慮推測與想像，唯以吾之超越吾個人之誠敬之心與深情厚意，以與死者之精神直求相接而已。心誠求之，誠則靈矣。」[43]

陸、心靈與生死之相接

通陰陽的基礎既然在情志，在死者言，情志常表現為死者對世間的餘情與遺志，而在生者言，則常表現為生者對死者的懷念、誠敬及由是而生之繼述之心，凡此都建立在實存感受上，都建立在生死幽明之間的深情厚意之上。

唐先生在這個論點上，帶出兩個問題，第一個問題是，假如生者與死者互不認識，又如何有感情基礎來溝通陰陽二界。既然今古異世，人我異心，古人何以能知百世以後的我們能夠紹述其志？同理，古人志業多湮沒無聞渺不可知，百世以下之人又如何能上繼其志呢？第二個問題是，實踐有價值、有意義的志願，不必等待死者的召喚，人本道德的要求，自身就應自行努力，如此，又何須有待於回應鬼神的期盼。

對於第一個問題，唐先生是用心的直接感知來回應的，因為能使我心有所感應者，並不一定是我所知的，我所不知的人士一樣可以感動我們。所以前人所能感動的不一定是他所認識的，而後人之可能被感動者也不一定為其所認識。從

---

43 唐君毅著，《人生之體驗續編》，頁 110。

前一種情況來說，如作者之能感動讀者，就不一定需要作者
認識讀者；而從後一種情況看，我們之所以被遠方不識的受
災者所感動，則又可見能感動我之人，不必爲我所認識。唐
先生要建立的論點是，我們心靈之能感動不一定是我們所知
的，就此而言，能感動我們的古聖先賢就不一定是我們所知
的。所以唐先生說：「是見人心之所通與所感，本不限于一一
皆知其爲誰爲誰。」[44]人們對於不認識的人產生感情本是極
爲自然的事，對知其名性的先聖先烈的崇敬自不在話下，但
人們也會對不知名的災民產生同情，又對本不認識的作者能
夠感通，這些都顯示人對其所不認識的人自會產生感通。

　　對於第二個問題，唐先生的答案是這種說法「盡美」而
不「盡善」，[45]唐先生說：「我相信我心之本體是恆常、真實、
清明、與無限廣大、至善、完滿。」[46]心靈既然是無限廣大，
無限至善，所以人當求其心靈的充量發展，而充量發展的心
靈是一含藏萬物，通徹宇宙的大心，唐先生指出兼盡他人之
心：「…亦正所以大吾之自盡其心之量，以兼盡古先之祖宗忠
烈聖賢之心爲心，而高吾之所以爲後人之德者。是又何傷于
自盡其心、反求諸己之教乎？」[47]所以能盡一己之心固然是
美的，但假如未能兼盡他人之心，則不免自小自限，而上述
第二種說法未能盡善的原因正在於未能兼盡他心，所以自亦
未能充量的發展本心，因之，是未能盡善的。

---

44 唐君毅著，《人生之體驗續編》，頁 112。
45 唐君毅著，《人生之體驗續編》，頁 113。
46 唐君毅著，《道德自我之建立》，頁 110。
47 唐君毅著，《人生之體驗續編》，頁 113-114。

　　也許人們會問說祖宗先人所作所爲未必全善，那麼又當如何面對先人之惡行惡願？唐先生在《中國人文精神之發展》一書提到儒家的躬自厚而薄責於人，主張發揚恕道精神：「而依中國之儒者之教，則吾人對於已逝去之古人及父母，皆只當思其功業德行，而忘其一切不德之處。」[48]依唐先生之見，這樣一來可能感格死者使其超升向上，至少可以涵養吾人之寬恕而忠厚的精神，而最關緊要的自然是「人誠以此精神觀世間，以互恕他人之罪，則人之罪，亦即漸在人之互恕其罪中相忘，而歸於各自求超拔其罪過之事。」[49]如是則開拓人皆可以爲堯舜的康莊坦途。

柒、生死相接與死亡之正面意義的開發

　　根本上，對唐先生而言，整個宇宙通體就是一偉大的精神人格的生命，個人能充量發展一己之心，則能紹述古聖先賢之德，上繼天地祖宗之心，如是則一方面成就一己的德性，另一方面又能將個人的精神生命融入宇宙的精神生命：

> 懷念誠敬之意者，肫肫懇懇之真情也。真情必不寄於虛，而必向乎實，必不浮散以止于抽象之觀念印象，而必凝聚以著乎具體之存在。既著之，則懷念誠敬之意，得此所對，而不忍相離。事死如事生，事亡如事

---

48 唐君毅著，〈宗教信仰與現代中國文化〉《中國人文精神之發展》（臺北：臺灣學生書局，1979 年 5 版），頁 396。
49 唐君毅著，《中國人文精神之發展》，頁 396。

存者,「如」非虛擬之詞,乃實況之語。[50]

心光相照,往古來今,上下四方,渾成一片,更無人
我內外之隔。肫肫其仁,淵淵其淵,浩浩其天。是見
天心,是見天理。[51]

從見天理天心的層次,可見究死生之際,就是究天人之
際,而大我與小我既心光互映,光光相照,則它指向天人之
合一。從這裏我們看到唐先生的存有論,但是唐先生更重視
這個天人合一的存有論在價值層次的展現。換言之,天人合
一是從天人合德的角度看,將人的踐仁成德,創造價值,上
提而關連到超越界的層次,這一種合一是天與人合作共同創
造價值[52],於是天人合一亦即天人合德,而所謂合一也就是
就實存主體的價值創造而言。值得注意的是唐先生不但認為
生存在世的種種創造是價值創造的唯一的表現,更進而認為
死亡也是創造價值的機緣,甚至死亡也可以是善的。

當然從殺身成仁、捨身取義的路子,人們可以輕易談自
願接受死亡所展現的價值,唐先生也說:「此生命存在之可自
願接受死亡,亦即其自願超拔其對生命之執著之證。此一自
願超拔其對生命之執著之要求,即存於此生命存在之自身之
中。」[53]我想這不需要太多說明。但值得注意的是唐先生認
為死亡的不必為毀滅不善,這一點與唐先生的形上學有關。
基本上,他相信形上精神或宇宙精神的存在,所以各存在基

---

50 唐君毅著,《人生之體驗續編》,頁114。
51 唐君毅著,《人生之體驗續編》,頁115。
52 參考唐君毅著,《人文精神之重建》(臺北:臺灣學生書局,1984
　年全集校訂版),頁25-29。
53 唐君毅著,《生命存在與心靈境界》下冊,頁166。

本上是此一精神的顯現，而存在之「消滅」則為精神之隱退。所以死亡是由顯現變為隱藏的過程，精神本身並不壞滅。所以死亡不必然為不善之事，甚至可以開發正面的價值。唐先生說：

> 然在中國思想，則物之由隱而顯，如果之開枝生葉，此固表現價值。物之由顯而隱，則如花謝成果，葉落歸根，此仍為表現價值。由此而死亡與消滅，在他方思想，視為大患者，中國思想中並不全如此看。緣此而中國思想恆視人之死亡，物之消滅，只為一人之終，物之終。…而此終，則儘可為表現價值，而可無死亡消滅之義者。[54]

而唐先生到了晚年，更進一步說明死亡自身所可能展現地正面價值。他認為自然生命的壽終，本身就等如開發宇宙繼起生命的生機，因為假如所有自然生命都能長存於世，那麼後起的生命就沒有生存與發展的空間了。所以唐先生說：「此自然生命之命終，乃自然生命存在之所向，而於其中可見有一正面之本性之善在，則為中國思想之一大慧所存。」[55]他也明白指出從「…自然生命之有命終…見一善德善性。」[56]而這一善德善性，具體表現為仁德、義德與智德。[57]

---

54 唐君毅著，《哲學概論》下冊，頁 1092。
55 唐君毅著，《生命存在與心靈境界》下冊，頁 169。
56 唐君毅著，《生命存在與心靈境界》下冊，頁 171。
57 依唐先生的說法，死亡可使後人得以生存，可謂仁德；死亡就讓出種種成就的機會，可謂義德；而死亡就不執著於形軀，可謂智德。唐君毅說：「…自然生命之自向於命終而有死，正見自然生命之不自覺的具一「由其死以使繼起之生命存在，得有其世間之位」之一自然之仁德，與禮讓之德之表現；亦「使其自己之生命存在與其他

總之，通常人們都習慣將死亡看作苦痛與不善，但唐先生則試圖點出死亡的正面意義。而在他的論述中，再再反映出替唐先生常能超越個我，而替他者設想的仁者胸懷，這是因爲唐先生的死亡觀已經展現廣函萬物、心包宇宙的超越的宇宙精神。林安梧先生說得很精到：「由於精神是超越於軀體之上的，因此可以上而通極於道，下而入於幽冥之際，前而溯及於祖宗聖賢，後而延續於子孫來者。」[58]

捌、祭　祀

禮爲儒家之重心，但在不同的禮中，唐先生又認爲「儒家之禮實以祭禮爲中心。」[59]因爲通過祭禮，人們可「以通天地鬼神，而澈幽明之際。」[60]正如上文所述，唐先生認爲心靈是會超越於個人形軀之外的，所以順心靈之發展，就自然及於對鬼神的祭祀與崇敬，所謂「吾人生命之擴大，心之性情之流行等，要不能安於此限制之內，而終必將洋溢出於

生命存在，分別得其在時間中之位」之一義德之表現；而其中亦可說有一不自覺的求自超越其生命之執著之一不自覺的智德之表現，而使其後世之生命存在之超升成爲可能者也。」參唐君毅著，《生命存在與心靈境界》下冊，頁 171-172。而陸達誠先生曾特別處理這一問題，參氏著，〈唐君毅的死亡哲學〉，頁 612-614。

58 林安梧著，〈邁向儒家型意義的治療學之建立 —— 以唐君毅《人生之體驗續編》爲核心的展開〉，收入氏著，《中國宗教與意義治療》（臺北：明文書局，1996 年 4 月），頁 115-137，引文見頁 130。

59 唐君毅著，《中國人文精神之發展》，頁 397。

60 唐君毅著，《中國人文精神之發展》，頁 397。

其外⋯即達於另一種形而上的及宗教性之境界。此即對天地、祖宗、歷史人物或聖賢之祭祀崇敬的心情。」[61] 而祭祀與崇敬中，唐先生又認爲三祭最爲重要，[62] 不過因爲政體的改變，中國人已經廢棄君主制度，所以唐先生將三祭改爲祭天地、祖宗、聖賢。

當然祭天地是爲報本返始，祭祖宗是爲追養盡孝，而祭聖賢是爲了崇德報功。而三祭能夠安頓自然生命，但更重要的是「開拓人之純粹的精神文化之生活」。[63] 何以祭祀能夠開拓精神生活？綜合唐先生的意見，可分兩方面說明，第一方面是從天地鬼神對後人的提振說，而第二方面則就後人在祭祀中的心性的純化立言。讓我們先看第一面，唐先生說：

> 祭祀時，吾所求者，乃吾之生命精神之伸展，以達於超現實之已逝世的祖宗聖賢，及整個之天地，而順承、尊戴、祖宗聖賢及天地之德。則此中明有一求價值之實現與生發之超越的圓滿與悠久之求之呈現，乃視死者亡而若存，如來格生者，以敬終如始，而致悠久，使天地與人，交感相通；而圓滿天人之關係。[64]（底線提示重點，爲本文筆者所加）

換言之，將死者視爲仍然存在，而在順承其德之時，就

---

61 唐君毅著，《中國人文精神之發展》，頁 381-382。
62 唐氏十分重視三祭，有關這方面的討論可看唐端正著，〈唐君毅論宗教之價值與三祭之意義〉，及鄭志明著，〈唐君毅先生的宗教觀初探〉，分別收入《唐君毅思想國際會議論文集－宗教與道德》第 2 冊（香港：法住出版社，1990 年），頁 1-12 及頁 13-28。
63 唐君毅著，〈中國人之日常的社會文化生活與人文悠久及人類和平〉，收入氏著，《人文精神之重建》，頁 506-521，特別是頁 515。
64 唐君毅著，《中國人文精神之發展》，頁 383。

產生了「如來格生者」的果效。也就是說，祖宗聖賢與天地
呈現為道德呼喚，端正（格）後人的德行，所以祭祀天地，
祭祀死者自然在溝通天人的活動中，引發後人的道德生活，
提振後人的精神生活。[65]

　　就第二方面而言，唐先生曾說：「中國傳統之宗教性之三
祭，則因其不重祈求而特重報恩，故此祭中之精神，為一絕
對無私之向上超升伸展，以達於祖宗、聖賢、天地，而求與
之有一精神上之感通。則此中可不生任何流弊，而其使人心
靈之超越性無限性得表現之價值，則與一切宗教同。」[66]分
析唐先生的話，其意旨在於點出人們祭祀天地鬼神，並不是
為祈求回報，所以內心自然滌除種種私念。在無私的虔敬的
心懷中，人們就將自我純淨化。此時，心靈自展現其超越性
與無限性，而構成自我超升的動力，遂是上接天地聖賢，而
溝通天人。所以祭祀雖然以天地鬼神為對象，而三祭更特別
針對天地、祖宗與聖賢為對象，但是不離人間，關注的視野
還是以道德人文精神世界為本，曾子說：「慎終追遠，民德歸
厚矣。」這其中就已透顯儒家的祭祀觀，最終還是對教化的
重視。唐先生的想法可說延續了儒家這種重視教化的祭祀
觀，它超脫世俗對因果福報的迷執，而上提到道德價值世界

---

65 曾昭旭先生著眼於孝道的探索，也特別伸言孝道、祭祀等觀念跟個
　人德性生命與超越宇宙精神的接連。參考氏著〈試論孝道之本源及
　其陷落〉、〈孝道與宗教〉、〈孝經與孝道〉，收錄於氏著，《道德與道
　德實踐》（臺北：漢光文化公司，1983 年 4 月 1 日初版，1989 年 8
　月 15 日 4 版），分別見於頁 211-233，頁 234-246 及頁 247-257。
66 唐君毅著，《中國人文精神之發展》，頁 385-386。

的生生不息，止於至善。[67]

玖、唐氏死亡觀之反省

一、從生者之情志面對死亡

　　分析唐先生的論旨，可知他對死後存在構想所重者不在於外在客觀存在的證立，而是生者的感格上；即從生者之感通之情中推求鬼神之存在。所以唐先生說：「則鬼神果在思念與祭祀之禮之中，爲人之感通之所及，自然存在于此感通之中。」[68]所謂存在於感通之中，其實是從不忍心已斷滅無存看待死亡，這是從生者的感情的不容已，轉求感性上的安頓，於是自然地設想死者的存在：

> 凡吾人所嘗確知其爲存在者，若無說其不存在之理由，則吾人恆自然的思其爲存在，應用于此人亡之後，其生命心靈精神或其鬼神是否存在之一問題；則吾人亦只須無決定之理由謂其不存在，即可任吾人之自然的依此原則，以思其爲存在，而無任何不當之處。而此一思其爲存在之思想，即正爲合乎人對死者之至情，不忍謂其一死而無復餘，而必有之思念之心，祭祀之禮，以對鬼神求生命上心靈上精神上之感通者

---

67 參王邦雄著，〈儒釋道的心靈世界〉，收入氏著，《緣與命》（臺北：漢光文化公司，1985 年 8 月初版，1992 年 12 月 44 版），頁 65-71。
68 唐君毅著，《中國哲學原論：原道篇》（臺北：臺灣學生書局，1984 年全集校訂版），卷 1，頁 142。

也。[69]

　　唐先生的話雖然說得頗爲繁複，但是沒有證明能夠獨立自存的鬼神存在，不過，也許唐先生並沒有意圖嚴格的證立鬼神的客觀存在。但是宅心仁厚的他，不像一般哲學家只講求理性的論證，唐先生正視人的深厚情感，因此深情，人也自然容易產生推求鬼神的存在這一迫切的主觀期盼，這一不忍人之仁心，正是唐先生論學的要旨所在，而就死亡觀而言，唐先生所論也真能與儒家古義相契。《禮記・祭義》說：「致愛則存，致愨則著，著存不忘乎心，夫安得不敬乎？」[70]因爲本愛敬之心事鬼神，則不唯不敢輕易否定鬼神之存在，反而更加以禮敬之，所以唐先生也極重視祭祀。所謂禮記所謂「事死者如事生，思死者如不欲生」，而中庸也言「事死者如事生，事亡如事存。」這都指向事死如生的深情與敬意，唐先生倡言祭祀中的虔敬，追躡先秦儒學的遺緒，接續儒門學脈，足見唐先生不愧是儒學大師。

二、從創生價值面對死亡

　　但是唐先生的死亡觀更反映著儒家創生的哲學精神。子曰：「未知生，焉知死」，這並不是教人不必探究死亡問題，「未能事人，焉能事鬼」，也並非說不必侍奉鬼神。不然儒家的重視祭禮就變得不可解了。在孔子之意，他是要指出不了解生命，是無法了解死亡的，而連事人都無法做好，又何能事鬼

69　唐君毅著，《中國哲學原論：原道篇》，卷 1，頁 140。
70　（漢）鄭玄注，《禮記鄭注》（臺北：學海出版社，1979 年 5 月初版景印宋紹熙建安余氏萬卷堂校刊本），頁 596。

神。這是一積極的態度，他要將死亡擺在生命中了解，將事鬼神之道轉到事人之人倫大道中把握。唐先生的死亡觀一本儒門大旨，也從精神價值的創造，道德價值的成就中把握。

　　所以唐先生不認為人死如燈滅，一切復歸於無，反之，死亡不但不是息止，而是以上提到精神世界，以偉大的精神參與天地生生不息的創造力，心憂天下則感動寰宇，志存正道則啟迪來茲，死亡不再是毀滅而是創生，個人生命形體雖然消滅，但精神人格與人類歷史文化的大生命結合，小我消融於大我，而生生不已，創造不息。「夫大人者，與天地合其德，與日月合其明，與四時合其序，與鬼神合其吉凶。」[71]偉大的人格生命，是能與宇宙的生命結合，上下與天地同流。唐先生通過祭祀對精神生命的開發，通過心光互照、通徹幽明的進路，使人們對死的世界的了解不再停留在毀滅的層次，反之，唐先生試圖讓我們看到死生大事那積極的、正面的教化功能，更要我們的個人生命接上歷史文化精神的大流。

　　孔子是偉大的人文主義者，他並非不重視生命之來源與死後的歸宿，但他教人首先重視生死之間的整個生命歷程。儒家是立足在現實人生來面對生死問題的，而生命的價值絕不在乎生命的久暫，而在於生命的意義。所以重視自強不息的奮進精神，從消極面說不可倦怠，子貢曾向孔子表示對人生諸事感到厭倦，孔子一一加以駁回，子貢當下領悟：「大哉

71　（唐）孔穎達撰，（清）阮元校勘，《十三經注疏・周易正義》（臺北：大化書局，1982 年 10 月影印清阮元校勘本），上冊，卷 1，〈乾卦〉，頁 17 中。

死！君子息焉，小人休焉。」[72]從積極面說，生命乃是一段任重道遠的實踐過程，所謂「士不可不弘毅，任重而道遠，仁以爲己任，不亦重乎？死而後已，不亦遠乎？」「君子疾沒世而名不傳焉」，死對君子來說是自然生命的終結，但是透過價值的創造，意義的實踐，卻可使人的精神生命不死。正因爲人的生命是有限的，所以儒家所重視的「成德之教」，正是以道德實踐產生的意義和光輝，突破生命有限的限制，進而擴大延續生命至無限不朽。

　　唐先生理解到形軀生命的有限性，所以能夠徹底破除對小我的執著，並思以德性生命、精神生命的創造，奠立永恆和不朽，這再再顯示了唐學肯定德性的無限超越的地位和價值，他是從精神生命、德性生命創生不已的義旨去面對死亡的問題。所以林安梧先生也說：「我們發現唐先生啓導了一條人生宗教之路…生命之所須求的不是他界彼岸永恆的安頓，而是此界生生不已的投入，這樣的投入即是創造，即是參贊化育。」[73]

三、從深情厚意溝通生死

　　唐先生從人心深切的反省，體悟到人生的深情厚意，從而一方面說明死後之不斷滅，試圖安頓死後靈魂的繼續存在，另一方面則以情志之相接，溝通陰陽幽明兩界。曾昭旭

---

72 李滌生著，《荀子集釋‧大略》（臺北：臺灣學生書局，1979 年 2 月，初版；1994 年 10 月，7 刷），頁 628-629。

73 林安梧著，〈邁向儒家型意義的治療學之建立 —— 以唐君毅《人生之體驗續編》爲核心的展開〉，頁 130。

先生對唐先生曾有一段知言:「我們可以清晰的定位仁者型的
生命形態,那就是:他的生命情調雖然是主情的,但這種情
形一不是世俗依於感官的情(而當是超越普遍的宇宙情懷),
二不是超離孤絕,歸宿於形上玄境的宗教之情(而當是流播
人間,與斯人共處的庸常之情)。而兩者相合,自然便是即上
即下,圓融博厚的道德情懷了。正是這種道德情懷貞定了唐
先生的生命。」[74]

　　世俗宗教不免將人導致不可知的幽冥世界,但是唐先生
以為這種由明入幽、一往不復的進路並不可取。反之,唐先
生立基於人心,從倫理與感情點化鬼神信仰,他將死生鬼神
的思考由他界導回人間,立足於人間實存的深情厚意,遂能
慰生者之情,暢生者之志,在其中遂能兼盡死者之情志,亦
暢死者之懷。於是將人世間的倫理與情感擴大、延伸到超人
間的鬼神領域。所以唐先生重現生者對死者的感念、崇敬、
追懷、繼承,另一方面,唐先生也交代死者對人間的期盼、
關心。換言之,我們看到仁心遍潤,溫情洋溢,心光互應,
交相暉映,照徹陰陽,存歿俱感。正如唐先生所說:「…人類
唯由道德,乃能自其小我之私欲超出,而於其認識對人間之
責任中,使其心靈日趨擴大,然後方能知天地之大,宇宙之
真,而與形上之神明境界相接。」[75]換言之,一點靈明仁心,
慰藉生死,溝通陰陽。這是本人道之不忍捨離而通陰陽之隔,

---

74 曾昭旭著,〈論牟宗三與唐君毅在當代新儒學上之互補地位〉,收入
　　氏著,《在說與不說之間 —— 中國義理學之思惟與實踐》(臺北:漢
　　光文化事業股份有限公司,1992 年 2 月),頁 127-140,引文見頁
　　130。
75 唐君毅著,《哲學概論》下冊,頁 1022-1023。

本仁心之超越昇進而接鬼神之幾，遂與天合德，與鬼神相接。

四、從精神價值論不朽

　　鬼神不朽，上接鬼神的人又是否不朽呢？唐先生論不朽，著重在精神之不朽。而精神不朽首先可表現在子嗣的繁衍。《孟子‧離婁下》所說的「不孝有三，無後為大。」[76]一直是儒家，甚至中國文化中非常強調的，所以儒家對婚姻也強調：「昏禮者，將合兩姓之好，上以事宗廟，而下以繼後世也。故君子重之。」[77]儒學這種對後嗣的重視，也反映在唐君毅先生的論旨：

> 子孫之生命，自我之生命而來，則子孫之存在，即可
> 視為我之生命未嘗朽壞之直接證明。[78]

　　但是唐先生對子嗣繁衍的重視，並非僅在乎生物的繁衍而已，保存種族固然是有價值的，但《中庸》云：「夫孝者，善繼人之志，善述人之事者也。」[79]這已經點出精神志業的傳承才是孝的重點，而這一祖宗聖賢的精神志業的繼與述，又轉而構成對個體生命死亡之安頓。王邦雄先生就曾發揮此義，指出儒家是用祖孫的三代傳承來安頓佛教的三世因果。因為對儒家來說，死就在代代相傳的生生不息中安頓，生生

76　（宋）朱熹，《四書章句集註》（鵝湖出版社，1984 年 9 月），頁 286。（清）阮元校勘，《十三經注疏‧孟子正義》（臺北：大化書局，1982 年 10 月影印清阮元校勘本），下冊，頁 2723 中。

77　（漢）鄭玄注，《禮記鄭注》（臺北：學海出版社，1979 年 5 月初版景印宋紹熙建安余氏萬卷堂校刊本），頁 809。

78　唐君毅著，《中國文化之精神價值》，頁 440。

79　（漢）鄭玄注，《禮記鄭注》，頁 689。

構成「生命的長流、歷史的長流、文化的傳統、家族的綿延」。[80]唐先生的死亡觀既重視保種續命的家族綿延，而更重視精神生命的朗照，與文化生命的完成。這在古代儒家具體的表現爲三不朽。

徐復觀先生曾經反省叔孫豹立德立功立言爲三不朽的說法，他精要的指出：「而魯叔孫豹則以立德立功立言爲三不朽，是直以人文成就於人類歷史中的價值，代替宗教中永生之要求，因此而加強了人的歷史地意識；以歷史的世界，代替了「彼岸」的世界。宗教係在彼岸中擴展人之生命；而中國的傳統，則係在歷史中擴展人之生命。」[81]我認爲徐先生這段話，很能夠充分的說明唐君毅先生的大旨所在，唐先生的死亡觀透顯出深刻廣袤的歷史人文胸懷，個人的死亡扣緊在超個人的價值世界中追求意義的完滿，個體的消逝則在整體的人類歷史文化的長河中得以安頓。所以在唐先生之意，死亡必然緊扣德性生命的覺醒與發展，它既求破除個別生命的執著，更求成己成物，通天地而徹陰陽。[82]

---

80 王邦雄著，〈說生死〉，收入氏著，《世道》（臺北：立緒，1997 年 12 月，初版，二刷），頁 55-82，特別是頁 71-73。

81 徐復觀著，《中國人性論史》（臺北：商務印書館，1969 年 1 月初版，1999 年 9 月初版 12 刷），頁 56。

82 傅偉勳先生也曾說：「中國固有的生死智慧與解脫之道，不但教導我們心性（實存本然性）的肯定與醒悟，也同時強調，我們如要了悟牛死的終極意義，如要超生死而又任生死，則絕不能執著於我們自己的個別生命，因爲終極解脫即不外是小我的徹底破除。」傅偉勳，〈生死智慧與宗教解脫〉，收入氏著，《批判的繼承與創造的發展》（臺北：東大圖書股份有限公司，1991 年 8 月），頁 187-196；引文見頁 195-196。

五、從永恆天理超越死亡

所以唐先生對死亡的看法雖然從人心人情出發，但是卻接連到形上的天理。從天理流行長存，唐先生對死亡作終極的安頓，或者更好說他超越了死亡。唐先生有一段極為精闢入裡的表述：

> 高攀龍死時唯曰：「含笑歸太虛，了我分內事」也。而中國先哲之所以能如此，亦非謂其真信人死之為空無所有，故於生後之事，無所容心；而唯是其信一生之始終之事，乃表現宇宙之太極陰陽之理之一顯一隱、或一動一靜、一往一來相應成和，以生化不窮之歷程。[83]

人的死亡只是回歸宇宙精神，但是這並不代表人生在世，不須努力。只有在盡了分內之事，人才能無憾的死亡。而盡分固可無憾，但是盡了分，卻不必然導致事必如理地完成，而人除了盡分之外，總希望事之能完滿。我們可以說盡分而無憾，是無責任的無憾，而盡分而事不成，則易生有期待的有憾。是則如何才能息懷無憾？唐先生說：「生無憾，則死無憾。由此而人即不須求永生，而亦未嘗不可死而無死，無而未嘗不有也。」[84]所謂「生無憾，則死無憾」是就已經盡份來說的，至於「死而無死、無而未嘗不有」則指向吾人對後人的深切企盼，以及天理長存的大信。因為人心之感通，後人當有能感格吾志，而繼續完成吾人未竟之志業，正因後

83　唐君毅著，《哲學概論》下冊，頁 1093。
84　唐君毅著，《哲學概論》下冊，頁 1093。

繼有人，所以吾人將「死而無死，無而未嘗不有也。」。更根本的是吾人無論是未竟全功，抑或功敗垂成，只要自問是依理而行，循理而動，則吾人之志業固為人心之所寄，是亦天心之所寄，志業挫折，不能視為天理毀滅不存，而應視為天理之暫時隱藏。天理有隱藏之日，亦自有再現之時，此陰陽往復之理也。所以困頓挫折，終歸只是一時之事，只要抱持天理長存的大信，則吾人尤可寄望將來而息懷無憾，唐先生這一天理長存，精神恆在的形上智慧，超越死亡的斷滅無餘的憂慮。

拾、結　語

死亡常指向寂滅的終止，所謂人死如燈滅，所以死亡議題容易將人的精神與注意力導引到離開人世的彼岸，但是唐先生將死亡的意義由寂滅轉化為創造，由終止轉化為不息，這一方面顯示唐先生對天德流行、生生不已的宇宙精神的體悟，但更加值得注意的是唐先生時時著眼於生命存在的思考，所以死亡的重點不在彼岸的探索，而努力於對此岸的關注與提振，努力於將小我與群體聯結，從而一面在日新又新的自我完善的歷程，開拓價值之不斷實現，一面以表現為深情厚意，虔敬無私的純淨心體，見證天心天理，貞定人間價值的精神根源。

唐先生在面對死亡時，破除個人對生命的執著，死亡不是威脅，而是一種挑戰。它挑戰吾人對個人生命的執著，但

是放下一切，只能安頓個己生命的解脫問題，至於個人以外的生命存在的安頓則仍無交代。所以死亡的挑戰，對唐先生而言，不應只是個人的安頓，他要對個人以外的整個生命存在都要求能有所安頓。從個我言，人對已死的先聖先賢之接合，實際上是將個我上繼大群人生之歷史文化價值根源，而死者對生者之期盼，實際是開拓以下世世代代的價值實現。死不是個人之事，反之，死接上大群人生，接上歷史文化，前者是橫向的拓展，後者是縱向的拓深，二者都指向人間價值與意義的實踐與生成。唐先生對個己生命的安頓，轉寄於人間的生命存在的安頓，亦即通過繼起的生生安頓死亡，所以死亡問題的安頓既不在天國，也不在冥府，而就在人間。

唐先生的死亡觀將他的儒家人文精神表露無遺，它既不沈溺於趨吉避凶的禍福迷信，又能護持人們對天地、祖宗、聖賢的情意與敬意，於是取得理性與信仰的和諧。既盡量安頓理性反對以鬼神存在的懷疑，也求順遂感性的要求。面對死亡時，唐先生沒有把人的心思導引到鬼神的崇拜，也不導人於神秘的幽冥世界，而是從人的情志的光輝與願力照徹並溝通幽明兩界，他運用倫理與情感的協調，德性與感性的相維，完成陰陽幽明的通徹，兼顧存歿兩方的感情，觸發個人精神生命的升進，人類整體生命的發展，以及宇宙精神的滿全。實可謂致廣大，盡精微，極高明，道中庸。

第四章　唐君毅先生的愛情哲學

壹、引　言

　　唐君毅（1909-1978）先生是當代港台新儒學的領袖，墨子刻先生曾說唐先生「不只是一個偉大的中國思想家，他更是一個二十世紀偉大的思想家。」[1]事實上，唐先生的哲學近年已獲得越來越多的重視，不但探討他的論文或引用他的觀點的論文在中國哲學雜誌上經常出現，而且近年有兩個國際會議就直接以他為討論的主題。[2]同時，至少有三本唐君毅論文選、三本有關他的專書及無數論文出版了。[3]難怪《簡明不

---

1 霍韜晦編，《唐君毅思想國際會議論文集 ── 思想體系與思考方式》第 1 冊（香港：法住出版社，1991 年），頁 165-198。
2 第一個會議於 1988 年在香港舉行，第二個會議於 1995 年 8 月在四川舉行。
3 如韓強、趙光輝著，《文化意識與道德理性》（瀋陽：遼寧人民出版社，1994 年）。黃克劍、鐘小霖編，《唐君毅集》（北京：群言出版社，1993 年）。霍韜晦編，《唐君毅哲學簡編》（香港：法住出版社，1992 年）。張祥浩編，《文化意識宇宙的探索 ── 唐君毅新儒學論著輯要》（北京：中國廣播電視出版社，1992 年）。張祥浩著，《唐君毅思想研究》（天津：天津人民出版社，1994 年）。葉海煙著，《道德、理性與人文的向度》（臺北：文津出版社，1996 年）。

列顛百科全書》[4]和《劍橋哲學詞典》[5]都有獨立的條目介紹他。著名的宗教哲學家施特扔教授（Frederick Streng）在他的《理解宗教生活》一書中，更明白的將唐君毅先生、保羅・田立克和西田幾多郎並稱爲二十世紀宗教哲學研究的三位代表人物。[6]唐先生思想的重要性是不容置疑的，今天要了解當代中國哲學自然亦不能忽視唐君毅先生。

不過，唐先生的哲學經緯萬端，規模宏闊，自然不是本文所可全面處理的。我現在要討論的只限於唐先生對愛的看法。這一個議題是很有意義的，因爲唐先生不但討論愛情問題，他更寫了一本書《愛情的福音》[7]專門探究這個亘古常新的議題。如果從哲學史的角度來看，我們就更容易看出這本書的重要性。我們知道西方哲學傳統從柏拉圖以下，歷代都有討論愛情議題的大哲，可謂人才輩出，勝義紛披。可是中國哲學家卻絕少討論男女的情愛問題。[8]唐先生《愛情的福音》一書堪稱爲中國哲學史上第一本討論愛情哲學的專著。對這本書的分析，是非常有意義的，何況通過這個研究，我們就可以彰顯唐先生哲學思想中一個不太爲人注意的側面，這自

---

4 劉尊棋等編，《簡明不列顛百科全書》（北京、上海：中國大百科全書出版社，1985-1986 年），第 7 冊，頁 677。

5 Robert Audi ed., *The Cambridge Dictionary of Philosophy*（Cambridge: Cambridge University Press, 1995），p. 786.

6 F. Streng, *Understanding Religious Life*,（Belmont, California: Wadsworth Publishing Company, 1985）. 3rd edition, pp. 257~263.

7 唐君毅著，《愛情的福音》（臺北：正中書局，1993 年）。但此書上所題的作者是克爾羅斯基，而唐君毅不過是翻譯者而已。

8 參考張燦輝著，〈愛與情 —— 中西「愛」的概念之比較研究〉，收入《哲學雜誌》第 9 期（1994 年 7 月），頁 98-109。

然將有助我們全面地理解唐先生的思想。

　　不過，在實際進行分析以前，我們需要澄清一個根本問題：到底《愛情的福音》是不是唐先生的作品？我們看到《愛情的福音》一書上所題的作者是克爾羅斯基，而唐君毅不過是翻譯者而已。不過從唐門弟子口中，我們很確定的知道這本書的確是唐先生手著，不過偽託為翻譯作品。[9]而唐先生身後，弟子們編輯先生的全集之時，也擬直接將《愛情的福音》一書收入其中。[10]所以《愛情的福音》是唐君毅先生的作品應無疑義。另外，由於篇幅的關係，本文的探索以這本書為限。[11]

　　在結構方面，本文將先分析唐先生眼中的愛的本質，並進而在第三、四兩節中，分別討論愛的形上向度及愛的功能，在第五節結語中，我將對唐先生的愛情哲學進行初步的反省。

9　這一點承香港中文大學哲學系張燦輝教授、國立中央大學哲學系李瑞全教授、加拿大博克大學（Brock University）哲學系陳榮灼教授幾位唐君毅先生親自教過的學生確定無誤。1997 年 6 月新加坡大學中文系舉辦儒學與世界文明國際研討會，在會議期間我遇到唐先生的入室弟子香港中文大學教育學院劉國強博士，承劉博士教示唐夫人謝廷光女士也曾向他直接表示唐先生是《愛情的福音》一書的作者。

10　原定收入《唐君毅先生全集》卷 2，但因正中書局擁有此書版權，故無法如願。

11　唐先生愛情觀的其他文獻資料，如《致廷光書》等，只有留待異日再行研究。

貳、愛的本質

一、愛不等於愛一組條件

　　人們常常用條件去談愛，譬如在日常會話中，人們就常常講類似這樣的話：我愛他，因爲他英俊。分析這句話，其中一個重要義函即等於是說：我愛他因爲他有英俊的條件。但是唐君毅先生卻認爲愛一個人並不是欲求對方的條件。愛是去愛一個我的他[12]，而不是去愛一組組的條件。唐先生說：「凡是你可以指出的對方之任何條件，都不足以真說明你愛對方的原因，因爲你愛的是他本身，不是他之任何條件。」[13]當然，我們分析某一個人的時候，自然可以得出一組屬性、一組條件。人們往往亦認爲可以從這些屬性去把握這一個人，甚至在一定程度上，將這一個具體的人等同於這些條件。

　　但問題是當我說真愛一個人的時候，事實卻不等於說我愛一組條件，我是愛一個人啊！不明白這一點，就會覺得某些愛的現象很難理解了，更重要的是單從條件來建立的愛情關係，也很難穩固。從反面說，當愛人的某些條件消失，我們是否就因爲這樣而輕言捨棄他呢？當我的愛人，年華不再，俊美的臉上流逝了青春，換之而來是現實生活的刻劃，

---

12 在下文中我以他代表男性，有時也以之兼表女性，後者的用法相當於英文的 s/he，畢竟中文的他這個字，是從人字部，本來就可以指男性或女性、男性與女性。

13 唐君毅著，《愛情的福音》，頁 119。

這個時候我們是否因這個俊美屬性的消失而要拋棄愛伴呢？若從正面說，我們又可分別就數量與質量兩面看；從數量看，當別人比愛人能夠提供更多我所喜歡的條件之時，我是否因之而輕易移情別戀？同理，從質量看，當另一個人不但擁有我的愛人所擁有的某些條件，而且程度上這些條件在他身上表現得更強、更大之時，我們是否必然另覓新歡。我們發現問題並不那麼簡單，有人甚至在愛人原有的條件消逝了，還是願意與他廝守終生。這再再都說明了僅僅從條件來看，並不能充分解釋愛的現象。據唐先生的看法，這其中根本的問題是條件永遠是相對的，美醜、貧富、肥瘦、高矮等等，無不是相對的。人固然愛美的，自然也希望愛人是美麗的，問題是當你遇上更美的，是否就使你不再愛你當下的所愛呢？如果是這樣，你將永無休止地更換愛侶。因為美是相對的，這世上也沒有永遠的美人，所謂自古英雄如美人，不許人間見白頭。所以唐先生說：「如果你們只注目在對方的條件上，沒有一個伴侶會使你永遠滿足的。」[14]他甚至斷言：「…一切忘不掉條件的觀念的人，必一朝發現他自己的愛情已走到墳墓。」[15]

　　當然，青年在憧憬未來的愛戀對象時，因為沒有一個真實的主體作為感思對象。於是常常從條件想像理想的對象，譬如高大英俊、月進斗金…等等。唐先生說：「這只是因為你們尚不曾愛，所以需要條件來引動你們的愛。」[16]而這也是

---

14 唐君毅著，《愛情的福音》，頁 121。
15 唐君毅著，《愛情的福音》，頁 121。
16 唐君毅著，《愛情的福音》，頁 120。

條件觀的價值。條件觀就像一道橋，引領人們走向愛的真諦。唐先生有一個傳神的比喻，他說異性的條件吸引愛戀的兩方，拴住彼此，使雙方從而發生戀愛關係。真正重要的正是這由條件而引生出的愛戀，而不再是那些條件。正如同一根繩子把牛拴在樹下吃草，重點是在吃草滋長，而不在於繩子。[17]

二、愛是愛心靈自身

愛一個人既然不等於愛他的條件，那麼當我們愛一個人的時候，到底是愛甚麼呢？唐先生認為當人們說愛之時，其實並非是指愛對方的一組組的條件，而是指愛對方最足珍貴的心靈自身。[18]他明白的說：「人所愛的永遠只是異性的心靈自身。」[19]

唐先生這個看法是基於他的道德訴求，這使得他的看法和法國大哲馬賽爾（Gabriel Marcel，1889-1973）展現出非常不同的面貌。馬賽爾曾提出愛與欲的區分，[20]他也反對從條件屬性來談愛，但是馬氏卻主張從整全的個體來看，而不是像唐先生般從心靈自身來把握愛。馬氏認為只有在整體的意義下，我們才能談真愛一個人。我們才能說：我愛你，不為甚麼，就因為你就是你。同理，在這個意義下，我們也能夠

---

17 唐君毅著，《愛情的福音》，頁 120。
18 唐君毅著，《愛情的福音》，頁 121。
19 唐君毅著，《愛情的福音》，頁 115。
20 本文有關馬氏的討論，主要是參考關永中著，《愛、恨與死亡 —— 一個現代哲學的探索》（臺北：商務印書館，1997 年），特別是頁 39-41、49-61。

談整全的接納，才能說：我不但喜歡你的優點，同時也能接納你的缺點。因為我們是用整全的方式去愛一個個體，去接納一個人。不過似乎唐先生並不滿足於此，不滿於消極的接納，他更要積極的昇華愛戀中的心靈，提振人的精神，他說：「使你們能在愛情生活實現超越通常所謂愛情生活以上之人生價值，而使你們在愛情生活中也可作出使你們精神上升之事業。」[21]唐先生事實上把愛情視為實現價值的手段，成就人格的方式。所以他是不甘於接受像馬氏那樣僅停留在消極的接納，他更要求積極的創造價值，轉化心靈。「因為人根本是精神的存在，是要求精神之進步，要求與他人更進步的精神。」[22]

三、愛是互為主體性的

其實不把對方視為一組組條件，其中一個重要義涵就是不把對方化約為客體，而正視對方也是一個不容取代的主體這一事實。真正的愛是不會將對方看成一個客體，因為愛侶不再是眾多的他者（other）中的一個。在成為愛侶的一刻中，彼此只有我與你的關係而已，再沒有「他」這個位格，這一種人與人的相互關係、主體與主體的相互關係，排拒了任何將對方物化為客體的思想。

這其間的差別，我們可以借馬賽爾的「是」與「有」（Being and Having）的區分來加以說明。「有」（To Have）是要去擁有，去對客體展開個人的所有權，去掌控對方，據為己有。

---

21 唐君毅著，《愛情的福音》，頁 13-14。
22 唐君毅著，《愛情的福音》，頁 59。

而「是」（To Be）則在乎與對方共同存在，在互通而互滲的關係中，彼此分享對方之存有，並共構一新的生命世界。元代管道昇（1262-1319）一詞最足以表達這個意思：

> 你儂我儂，忒煞情多。情多處，熱似火。把一塊泥捏一個你，塑一個我；將咱兩個一齊打破，用水調和，再捏一個你，再塑一個我。我泥中有你，你泥中有我。與你生同一個衾，死同一個槨。[23]

我們認爲用「有」的心態，去經營愛的關係是不健康的，因爲它會使得真正的合一成爲不可能。正如同當我說我有一本書的時候，其實已經表示我與書有距離，我與我所擁有的對象還有隔閡；而當我在愛的關係中說我擁有他，其實就在表示我與他沒有一體感，我與他還存在著隔閡。

更重要的是，馬賽爾認爲當我說我擁有之時，其實就是以征服者的姿態看待對方，將他看成爲我能支配、掌控的客體，減損、摧折對方的尊嚴與價值。近年青年間流行「城市獵人」這個詞，最足以具體而微的彰顯這個態度，用「獵人」這個字詞，就蘊含著將對方視「獵物」，將對方只看成物，剝奪對方身爲主體的價值與尊嚴。這顯然是自我中心的心態，愈是如此就愈突顯對方的「他性」（otherness），而同時愈教人不能突破雙方的隔閡。

---

23 管氏是趙孟頫的夫人，趙孟頫中年打算納妾，管氏便寫了這闋詞，趙爲其所感動，於是便打消納妾之念。參沈雄編，《古今詞話》（臺北：廣文書局，1967 年重印），第 3 冊，頁 780。

四、愛展示人之共存性（being-with-otherness）

唐先生強調存有的單獨存在與社團存在（the privacy and the community of existence）。值得注意的是在《愛情的福音》一書中，唐先生是通過一個即將隱退的先知口中來述說他的智慧的，這一個先知的形象的確容易產生獨我的印象（solitary or individualistic impression）。不過，人與世界保持一定距離，不必然導致放棄對世界的關心。事實上，獨處並不等於孤獨。[24] 人可以通過獨處，而與世界保持一定距離，這可以是為了隔絕人事之紛雜，並不一定是要捨離世間。其實，獨處有時候反而可以讓我們接觸到真實的自我；更可以使我們與他人之愛的關係充滿著意義。[25]唐先生是非常重視這一種人間相互的愛的。

唐先生強調人的共存性（being-with-otherness）。這一個共存性是人的存在的基本成素，它不是外加於一孤獨存在之上的東西。反之，它是一種先在的相互關聯性（pre-established inter-relatedness）；按照這一種相互關聯性，每一個存有都與其他存在相關聯而構成一個整體（beings exist in a whole wherein all are related）。換言之，每一存有都存在於一個分子與分子交互關聯的整體之中，這一個整體是一個相互關聯的網絡世界。事實上，在這一個網絡裏面，倘若沒有他人存

---

24 孤獨（being lonely）是指一種心靈狀態，而獨處（being alone）則指無人相伴。參考 Clark E. Moustakas, *Loneliness and Love* （Englewood Cliffs, New Jersey: Prentice-Hall Inc., 1972）, pp. 17-22.

25 Clark E. Moustakas, *Loneliness and Love*, pp. 17-22.

在，則沒有任何一個單一個體是可說是整全的。事實上，人們都是生而為社會中的一份子，而從來不是生而為孤絕的個體。因此共存性是存在的基礎，而且它構成人的存在（community is fundamental to existence, and is constitute for it.）。

畢竟存在就是共存（to be is to be with），這一共存性使得我們免陷於獨我論的困境，而明白到人的社會性格。唐先生認為是愛使得人突破自我，這個突破一方面是指突破形軀的我的封限，另一方面則是指突破人我的藩籬，進而突破天人的區隔。唐先生認為愛固然是發自主體的，但它指向另一個主體，所以是主體際性的活動。所以愛不但體現了存在的共存性，更事實上構成了人間的共存性。愛表徵著人的走出性。藉著愛，我人走出自我，打破人我之間隔，共同體認並實現生命的滿全。須注意的是這種共存性，不是一個外在社會結構的描述，它指的是人的存在性相。

參、愛的形上向度

唐君毅先生認為所有的愛都是同源的，他曾明白的說：「愛只有一個根源。」[26]問題是不同的愛的共同根源又是甚麼呢？

唐先生說：「根本上宇宙間只有一種愛，一切的愛都是一

---

26 唐君毅著，《愛情的福音》，頁 37。

種愛的分化。宇宙間只有一種愛，因爲只有一種精神實在生命本體。一切的愛，都是那精神實在生命本體在人心中投射的影子，都是在使人接觸那精神實在生命本體。」[27]因此不同的愛根本就是同一種愛的不同展現，其目標都是在使人能接觸形上精神實在。這就是接觸到唐先生的愛情的核心問題：形上向度。

唐先生認爲愛是一種令人抖落塵世之羈絆，而回歸到超越界的力量，這種超越形軀，進而超越客塵，而與宇宙精神共融的形上向度，我們在上文已經觸及了。其實照唐先生的看法，「…人生的一切活動，都是要超越物質身體而上升或歸還到宇宙靈魂的真理。」[28]這就使得人的所有活動都有其形上向度。

這一層基本上是從主體自身開顯（disclose）存有的奧秘來說的。人是一種特殊的存有，人能探問存有，開顯存有。而愛正是人回到存有的道路，它是那返回道的道。唐先生說：「一切存有中，只有人類才能真正自覺的要求破除他存在之限制，而覺得渴慕無限。所以只有人類才能真實現無限的生命意義，領略無限的精神意味，要求與世界之主宰、宇宙之靈魂冥合無間，還歸於原始之太一。」[29]可見依唐先生主體精神發展的歸宿其實就是回到絕對精神，這樣的說法自然充滿著黑格爾的精神哲學的味道。

基本上這是一種存有論的談法，亦即肯定人是開顯的存

---

27 唐君毅著，《愛情的福音》，頁 14。
28 唐君毅著，《愛情的福音》，頁 24。
29 唐君毅著，《愛情的福音》，頁 9。

有者。對唐氏來說人的開顯性基本上就是人的存在性相，亦即延續並保存自己的方式。愛是一種實踐，它不是一種認識（atheoretical）。它指向的不是存在的本性，而是一種存在之方式。通過愛這種實踐，我人顯出自己的存有，也瞭解著存有。[30]這就涉及愛的功能了。

肆、愛的功能

對唐先生來說，愛能發揮很多正面功能。而唐先生對愛的探討是側重在看愛與實現無限的關係上。唐先生說：「…男女之愛便是爲的要引出宇宙真、善、美、神聖四種價值之實現。」[31]愛是一催化劑，它使得真、善、美、神四種價值得以實現。而依唐先生之見，人本來就「…當首先努力實現真善美之價值，並盡量包含宗教之情緒於你們之男女關係中。」[32]

這之所以可能是因爲愛驅使人們從現實的自我狀態超脫出來，實現自我、完成自我。因此，愛指向人的無限，更通向宇宙的無限 （Infinite）。所以唐先生說：「人類原始的愛

---

30 這使得唐氏亦與海德格談 Dasein 的方式很像，海氏說：「這個此在（Dasein）獨特的是，藉著和通過它的存有，它開顯了它的存有。瞭解著存有是此在的一個存有特性。」Martin Heidegger, trans. John Macquarrie & Edward Robinson, *Being and Time* （Taipei: Yehyeh Books, 1985）, p. 32. 當然依海德格，唐先生的想法可能還未能免於主體性哲學之窠臼。

31 唐君毅著，《愛情的福音》，頁 39。

32 唐君毅著，《愛情的福音》，頁 16。

本是無限的愛，而且是向各方面發展之無限的愛。」[33]而人的無限的愛主要表現為真、善、美、神四方面：

> 人類有對於真理之無限的愛，這是要認識宇宙世界一切之理，使宇宙世界中一切之理為我心的認識，而成我心之內容，使我之全部智力得所投注，而內外打通，而破除我們知識之內在的障蔽，以實現無限。[34]

> 人類有對於一切的美之無限的愛，這是要使宇宙世界之形相為我所觀照，使我之全部生命情調得所投注，內外打通，而破除我們情緒之內在的紆結，以實現無限。[35]

> 人類有對於一切人與其他生物之無限的愛，這是要以我一人之生命，對其他的生命，發生同情，與之共感，以我之行為，將我生命中所實現之價值貢獻於人，要人亦實現之；以使我之整個生命靈魂，聯繫於其他之一切生命靈魂，而破除自我本身之限制，以實現無限。[36]

> 人類有對於原始之太一，那生命本體、精神實在、世界主宰、宇宙靈魂、那神之本身得所投注，而破除我們之成為存在者之限制，以實現無限。[37]

對於真、善、美、神這四種價值，唐先生是非常珍視的。唐先生說：「只有真正的永不自限的去愛真、愛美、愛善、愛

---

33 唐君毅著，《愛情的福音》，頁10。
34 唐君毅著，《愛情的福音》，頁10。
35 唐君毅著，《愛情的福音》，頁10。
36 唐君毅著，《愛情的福音》，頁10-11。
37 唐君毅著，《愛情的福音》，頁11。

神的人，才是最偉大的人。……真正自然的永不自限的只愛
真、愛美、愛善、愛神的人，是人類中的天才，是神在世界
的化身。」[38]因為如果「這四種愛，真是成為無限的開展時，
就是人類最高的愛。因為這四種愛，都是純粹的要求超越自
己而投到自己以外。當牠是無限的開展時，會忘了自己而犧
牲自己，以完成此愛之開展；如是便能還歸於原始之太一，
生命本體、精神實在、世界主宰、宇宙靈魂，獲得真正的內
在之滿足，享受宇宙靈魂、世界主宰、創造世界宇宙之愉快
與歡樂。」[39]由此可見唐先生認為愛的重要性就在於它的實
現價值的功能，尤其是它能轉化人使人成為更有價值的存
在。這種轉化集中表現於愛能使人超越限制。

　　愛可以使人超越實存的我的限制。唐先生特別重視的是
精神超越身體的限制。他說：「人生的一切活動都是要超越物
質身體而升到或還歸於我們個人生命精神之來源所自的宇宙
靈魂，即男女間之生理要求也是。」[40]這就涉及愛的走出性
了，對唐先生來說愛是「…純粹的要求超越自己而投到自己
以外」，走出自我而成就自我。

　　唐先生談到男女之事時，人會產生忘我出神的精神狀
態。這就使得人忘掉了人的形軀，而與對方合為一體；人甚
至會忘掉了世界，而與世界合為一體。這種忘我感、合一感，
其實是因為「男女兩性各代表宇宙性質之一面」，而他們的結
合「即是宇宙之相反質素互相配合和諧而成為完整之一體…

38　唐君毅著，《愛情的福音》，頁 12。
39　唐君毅著，《愛情的福音》，頁 11。
40　唐君毅著，《愛情的福音》，頁 22-23。

宇宙之相反質素配合而和諧，相反的質素同時即互相滲透，而破除自我之障壁。」[41]唐先生的看法顯然有著陰陽和合、陰陽互補的影子。

根據唐先生的看法，甚至性行為所帶來的快感，也不來自形軀，而來自於遺忘形軀，來自於從形軀中解放出來，而上昇到精神交融的境界。用唐先生的話，就是接觸到宇宙靈魂－－生命的本源。換言之，男女之事所帶來的快感，不來自於身體之結合，而是源於人從自我的限制中解放出來，進而接觸形上實在。[42]從比較宗教學言，唐先生這一種輕視人的形軀的看法，是跟很多宗教傳統近似的。譬如，我們也可以從聖奧古斯丁所說的純愛（caritas）與貪愛（cupiditas）的區分看到近似的地方。[43]但重要的是藉著愛，人們不但接觸到生命之源，更創造出新生命。就此而言，愛本身就是生命之源。

不過值得注意的是，對唐先生來說，新生命其實是宇宙精神的表現。唐先生說：「男女相愛時，宇宙靈魂在他們中間投射一成為一個自己之影子。男女交合時，宇宙靈魂又通過他們二人而在他們之身體所分泌物之融合時，再實際投下他之一影子。」[44]因此人類的延續，不過是宇宙靈魂的不斷投射而已。「…主宰男女之愛的宇宙靈魂，即是實際投射其影子成為兒子的靈魂之宇宙靈魂，宇宙靈魂是通過男女二人而復

---

41 唐君毅著，《愛情的福音》，頁 32。

42 唐君毅著，《愛情的福音》，頁 23-24。

43 純愛是精神回歸生命之源的手段，但人的形軀會因為貪愛塵世，而變得沈迷。

44 唐君毅著，《愛情的福音》，頁 35。

表現其自身於他們之兒子。」[45]這樣說來，人不過是宇宙靈魂的摹本。[46]

　　根本上，唐先生認爲「一切實際存在者便是對於宇宙靈魂之全體割裂分出的東西，便是一偏。」[47]所以男女相求的原因，並不在於男求女或女求男，而在於「…那被割裂剖分出來的兩部分，要恢復他自己，要把被剖分出來的兩部分，重新合一起來，要使男女兩方一齊還歸於宇宙靈魂之自體」。[48]從這條思路看，「人之有男女之愛」，當然也不過「…是宇宙靈魂正常的意旨」[49]而已。

　　綜而言之，唐先生認爲愛可以使人超越自我的封限，打破人我之隔，物我之分。更可以讓人們與超越界接觸，打破天人之隔。

伍、唐先生愛的觀念自身的反省

　　唐先生對愛的看法有如上述，現在我們以反省他的看法作結。我們先討論唐先生愛的觀念，然後在看它的哲學義涵。在這方面的分析，我希望提出四個重點：愛自身的價值、愛

45　《愛情的福音》，頁 37。
46　記得在 1994 年筆者參加美國波士頓大學舉辦的第九屆中國哲學會會議中，張燦輝教授會中曾發表論文提到這一點，並指出這是柏拉圖式（Platonic）的看法。可惜筆者手邊並無張教授的大作，無法引出頁碼。
47　唐君毅著，《愛情的福音》，頁 34。
48　唐君毅著，《愛情的福音》，頁 33。
49　唐君毅著，《愛情的福音》，頁 45。

戀者的個體性、完整性和普遍的愛四個問題。

一、愛自身的價值問題

我們應該不難看出其實唐先生的重點並不在愛的自身，而在於愛戀生活所可能帶來的心靈昇華。所以像「…男女之愛便是為的要引出宇宙真、善、美、神聖四種價值之實現。」[50]類似的話就在《愛情的福音》中常常出現。雖然唐先生亦說：「我決不輕視男女之愛之價值。」[51]但是唐先生所不輕視的男女之愛的價值是從它可能引出的其他價值而被認定的，而不是直接從男女之愛自身來把握的。如此一來，男女情愛的價值永遠是第二義的。

進一步說，「人生最高的理想」固然並非要求滅絕情愛，但是唐先生卻認為「只是在男女之愛以外發展出其他的愛。」[52]發展出其他的價值。因此，情愛的價值不只是第二義，它的獨立性更是被削弱了。換言之，愛自身並無獨立的價值，它只是讓更高的價值得以實現的工具，或者說它只有工具價值。反過來說，如果愛情和真、善、美、神的價值衝突，那麼愛情自然也應被放棄。所以「陷溺於愛情」便被視為「罪惡」。[53]

其實，唐先生根本是採取一種道德的角度來看待愛情，因此未能充分的正視愛情自身的價值。談道德自然要談責任

---

50 唐君毅著，《愛情的福音》，頁 39。
51 唐君毅著，《愛情的福音》，頁 14。
52 唐君毅著，《愛情的福音》，頁 45。
53 唐君毅著，《愛情的福音》，頁 92-94。

了，唐先生直接把愛情婚姻看成為只是責任，他說：「愛情與婚姻可以使人幸福，然而*他們的本身只是一種責任*。」而且這不是一般的責任，「這是對你自己的責任，因為你的人格好的對方可幫助你完成。」[54]可見它是攸關人格完成的道德的責任。而且這種成就人格的責任更是幸福的基礎，他說：「愛情與婚姻使人幸福，但只能使責任觀念主宰愛情婚姻者幸福。」[55]。事實上，唐先生從頭就認為「人生的目的只在盡責。責任的觀念永當放在一切觀念之上。」[56]並未能充分正視感性的愛的自身。

二、愛戀者的個體性

誠然，在愛的關係中，我人會希望求與對方結合，愛驅使人們形影相伴、精神相通，共同締造一個有你有我、包舉兩方的世界。但是唐先生彷彿在談精神辯證一般，教雙方昇華至更高層次的合一，甚至進而要昇進至與宇宙精神合一，匯眾漚而通歸於一海。但是在這種想法中，愛的雙方的個體性容易被輕忽了，唐先生這種想法就教人想起黑格爾。在黑格爾式的絕對精神中，很難保有萬有的個體性，因為所有個體都不過是絕對精神的分殊表現，它們自身並無獨立性可言。從這種思路來看，難怪把終極價值都鎖定在絕對精神、宇宙靈魂了。

依唐先生的見解，通過愛，人們不但接觸到生命之源、

---

54 唐君毅著，《愛情的福音》，頁64。
55 唐君毅著，《愛情的福音》，頁66。
56 唐君毅著，《愛情的福音》，頁66。

價值之源，接觸到一個最高的、普遍的、統一的精神：宇宙靈魂。問題是難道在愛的關係中就只須重視對統一性的追求，而不惜犧牲我們的個體性嗎？唐先生這種想法側重於統一性，顯然是片面的、不充份的。梅羅洛先生也說：

> 愛的弔詭性在於它高度地體認到自我，又高度地被吸收，而融貫在對方的個體內。[57]

其實在愛中我們要求結而為一，但結而為一並非要人犧牲個別的個體性，反而是在互通互滲之中彰顯你我的殊別，並進而成就你我，使我成為一個真正的我，也使你成為一個真正的你；使我成為一個更滿全、更豐盈的我，使你成為一個更滿全、更豐盈的你。

我認為在這個精神的辯證發展過程中，倒不一定昇華成絕對精神，其實就在愛戀的雙方自身中，就可以完成一定意義的精神辯證統一。因為愛戀的雙方本身就可成為新統一體，他們是可以成為一個與過去不同，但又包容過去並兼容對方的豐碩新生命。如果從這方面看的話，我們一樣可以談愛戀中人的人格昇進，但是這是緊扣著人來談的，而不必要像唐先生般非談宇宙靈魂不可。

三、完整即善

唐先生談人須要整全的發展，要提升人格，甚至要回歸太一。這種對完整的追尋令人想起亞里斯拓芬（Aristophanes）的看法，據屴氏，人本是兩男同體、兩女同體或陰陽同體，

---

57 轉引自關永中著，《愛、恨與死亡 —— 一個現代哲學的探索》，頁297。

後來因爲攻擊神，於是被神割成兩半，而被割開的一半永遠追求原在一起的另一半，而愛就是這對整體的欲求與追尋。就追求完整性這一點言，唐、亞二氏是接近的。

不過，我認爲亞氏的神話不但說明男女這兩性相求的原因，更能說明特定某人與特定某人的愛情。根本上，亞氏談法下的情人可說是命定的，我們命定的追求原來相連一起的另一半。而不是像唐先生般只能談廣義的兩性相吸。同時，亞氏的說法更能包含同性戀在內，而不必像唐先生般限於異性戀，當然這自然反映著古代希臘人對同性戀的包容。這些都是唐先生和亞氏的不同之處。

不過，我希望進而指出的是：唐先生和亞氏都並未細究何以完整性就是善呢？唐先生說戀愛帶來結合，使人能夠完整的發展，甚至說這是精神的自求超越分裂，復歸完整。即使這都沒有問題，我們還需要問：爲甚麼完整是值得追求的呢？唐先生似乎認爲整體的就是善的，故分裂就不好，而分割出來的部分亦必然要求統一。柏拉圖早就指出愛不能是對分出的部分或全體的欲求，除非另一半或全體也是善的，人們往往寧願切除手足，如果這些部分是壞的話。[58]無論如何，在概念上完整性並不一定等如善，所以即使人確實是要追求完整，這也不能說一定有甚麼善的價值可言。如果說，復求完整不是爲了善，而是人的本性，那麼唐先生的說法就只能有描述義，實不能導出任何道德性。

---

58 Irving Singer, *The Nature of Love: Plato to Luther*（London: The Chicago University Press, 1984）, 2nd ed., pp. 52-53.

四、普遍的愛

　　不過，無論如何，我們看唐先生的愛的觀念，事實上很明白的展示了一個不息的超越過程。這樣一個愛的過程，使我們超越自我的限制而成為真正的一個人。在這個過程中，我們不僅愛自己、家庭，甚至愛宇宙中任何的存有。換言之，我們的愛不拘限於某個個體、某個地方，而能遍及宇內，因此唐先生的愛實制上就是一種普遍的愛。

　　在普遍的愛這個觀念之上，我希望澄清一點。在有關中國古代哲學的論述中，墨子與儒家的愛的觀念是常常用來彰顯「普遍的愛」與「等差的愛」的差異的。有些比較宗教學家更進而認為，基督教講普遍的愛，而儒家只談等差的愛。[59]到底墨子與基督教所持的普遍的愛的觀念是否相同，這個問題自然不是本文有限的篇幅所可以處理的。在這裏我感到有興趣的問題是：如果等差的愛與普遍的愛是不相容的，而唐先生是儒家，儒家又只講等差的愛，那唐先生的普遍的愛到底是怎樣的？

　　問題的重點似乎在到底等差的愛與普遍的愛是否不相容？我想答案就看「普遍的」這個形容詞是什麼意思？如果它的意思是指我們對別人的愛，在程度上是沒有差別的，那麼唐先生當然不可以被視為普遍的愛的信徒。但是如果所謂「普遍的」是指我們的愛，是毫無例外地開放給宇內的每一個存有，沒有任何一個存有會被拒絕在我們愛的光照下，那

---

59 Hans Kung and Julia Ching, *Christianity and Chinese Religions*（N.Y.: Doubleday, 1989）, pp. 118-120.

麼唐先生當然可以說是普遍的愛的提倡者。我認爲唐先生相信普遍的愛的，但是他相信的是一種以等差形式出現的普遍的愛。換句話說，我們應該普遍的愛世上每一個存有，在這種愛的普照下，沒有一個存有會被排拒在外，但是我們對不同的存有的愛就自然有程度的差別。

陸、結語：唐先生看法的哲學意涵

我們討論過唐先生愛的觀念了，現在我們談談唐先生這些看法所蘊含的哲學意義。在這方面的分析，我希望提出下列幾個重點：

一、道德宗教的向度

對我來說，唐先生對愛的了解有它的道德與宗教的性格。我們說愛有道德的性格是因爲根據唐先生看法，愛是引導我們成爲一個更好的人的動力，它幫助我們成就自己、完成自己。而我們說愛也有宗教的性格，則是因爲它帶領我們接觸到超越界。

這樣一個對愛的了解，可以看作孟子良知概念的現代詮釋，我們知道在儒學傳統中，良知是常常理解爲轉化自我、完成自我的動力，更常被看作是「知天」的動力。在這個意義之下，愛是對絕對善的尋求。

事實上唐先生對愛的研究指向於對於人的一個更深刻的了解，而這正是一個儒學的傳統。人是掙扎成爲意義豐盈者，

這一種豐盈性不只指向人的自我滿全，同時也指向對超越界的趨近與趨進、融入與參與。從比較宗教視野看，唐先生這種談法近於聖十字若望（St. John of the Cross）所說的：「愛不在於感受到偉大的事物，而在於偉大的超越。」當然後者的超越指的是超越非上帝的一切，唐先生並非基督徒，自然不可能指此。唐先生所以，唐先生的愛的觀念，主要包括含兩個超越面向：自我超越與趨進超越，因此可以稱爲一個道德倫理與宗教的觀點。

二、宗教人文主義

這個宗教性格尤其值得注意，倘若我們把它放在中國哲學的大流來看，這樣一個對愛的了解，是特別有意義的。長期以來很多人都喜歡將中國文化看成是無神論或不可知論，對儒學的判斷尤其是這樣。

但是我們在上文已經看到唐先生對愛的性格的反省自有其宗教性格，因此我們可以知道至少儒學在唐先生的展現下，並不能視爲無神論或不可知論。唐先生是中國當代人文主義的重要倡導者，他的《人文精神之重建》、《文化意識與道德理性》、《中國人文精神之發展》、《中國文化的精神價值》等作品[60]，都明顯地透露出人文主義的精神，我們當然可以

---

60 如《人文精神之重建》（香港：新亞研究所，1955 年），上、下冊。後來有一冊本的出版，亦有全集校訂版（臺北：臺灣學生書局，1984 年）。
《中國文化之精神價值》（臺北：正中書局，1987 年），是書 1953 年初版，亦由正中書局出版。
《中國人文精神之發展》（臺北：臺灣學生書局，1984 年全集校訂版），是書初版於 1957 年由香港人生出版社出版。

說人文主義無疑是唐先生論學的樞紐所在。

但是說唐先生是人文主義得有一必要的區分,我們知道近代西方人文主義有一重要特徵,它的無神論或不可知論,使它與有神論常被視爲對立的思潮[61]。當然正如一般宗教競爭,有對立,自然有溝通和調和,所以也有人倡言基督教人文主義(Christian Humanism)[62]等結合人文主義與有神論的宗教思想,但就二十世紀西方人文主義的主流言,它的無神論或不可知論的特色是很明顯的,更常與廣義的科學主義和經驗主義結合,不但延續與傳統宗教的對立,甚至要取而代之,成爲新宗教。[63]

從這一方面看,唐先生的愛的觀念所反映出的立場,卻別樹一幟。唐先生的人文主義並不排斥宗教,它不自囿於俗

《文化意識與道德理性》,是書初版於 1958 年由香港友聯出版社出版。後亦有全集校訂版(臺北:臺灣學生書局,1984 年)。

61 1948 年哈佛的 J.A.C. Fagginger Auer 與耶魯的 Robert Calhoun 分別代表人文主義與基督教的論辯,是這兩大陣營在當代著名的交鋒。參 Julian Hart & J.A.C. Fagginger Auer, *Humanism versus Theism* (The Antioch Press, 1951 初版,The Iowa State University Press, 1981)。至於將儒學放入人文與宗教的討論,在近年仍然受到學界的重視。Tu Weiming, Milan Hejtmanek and Alan Wachman eds. *The Confucian World Observed: a contemporary discussion of Confucian Humanism in East Asia* (Hawaii: The East-West Center, 1992), esp. pp.74-75 及 pp.107-132.

62 參考 Diogenes Allen, *Philosophy for Understanding Theology*, (Georgia: John Knox Press, 1985), pp.157-59.

63 有關人文主義的陣營,可參考 Corliss Lamont, *The Philosophy of Humanism* (N.Y.: Continuum Publishing Company, 1993), Seventh edition, Revised and Enlarged, pp.11-29. 而有關基督教在這方面的研究可說汗牛充棟,簡明的可參考 Robert L. Johnson, *Humanism and Beyond* (Pennsylvania: United Church Press, 1973), esp. pp.1-19.

世而對超越界開放，它珍視與超越界溝通、滲透乃至統一的宗教人文主義。事實上，在《中國文化之精神價值》一書中，唐先生就曾明白的說：「……宗教之人文主義，乃圓滿之人文主義。」[64]總之，我主張唐先生的人文主義是深深植根於人性，也深深植根於對超越界的開放。正是在這一個意義上，我們可以說唐先生所代表的儒學是有其宗教向度的，它是一種開放的人文主義。[65]

三、三維度的人生觀

唐先生的愛的觀念展示了一個三維度的人生觀：內向（inward）、外向（outward）和上向（upward）。

人們應該進行自我的考古，挖掘出深層的真實自我，即所謂「求其放心」。這就是一種內向的自我發現運動（self-rediscovery movement）。而人的良知必然要求外向的伸展，從自我出發，到家庭、社會、國家以致整個世界，通過這個延伸，我們的愛就遍及整個宇宙。這就是一種外向的自我延伸運動（self-expanding movement），所謂「擴而充之，足以保四海」。但是人的心靈並不自滿於橫向的擴充，它更進而要求上下與天地同流，所以就有上向的運動。

這三維度的人生觀可以圖示如下：

---

64 唐君毅著，《中國文化之精神價值》，頁 432。

65 筆者在這裡提出的開放人文主義是扣緊兼攝人文與宗教這一意義而言。當然開放的人文主義可指儒學的多元性，包舉「主體性、道德心、人文精神與政治理念。」參葉海煙著，《道德、理性與人文的向度》（臺北：文津出版社，1996 年 1 月），頁 112-113。

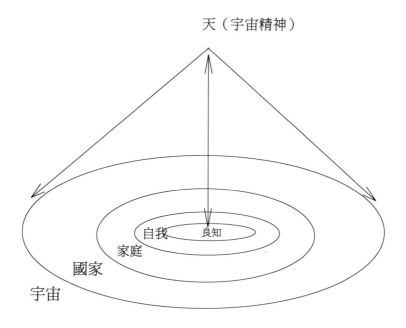

　　這樣一個三維度的人生觀就是建立在人的愛之上的。我們當然愛我們自己，不忍自我的陷溺，所以要內求良知之重照，這就是內向的維度；我們對世界的苦難也不忍，所以就自然產生同情共感，要使我的愛遍潤世間，這就是外向的維度；這種種的愛都指向價值的根源：天，亦即所謂盡心知性知天，而這就構成了向上的維度。這三維度的愛的觀念，展現出一個通貫的倫理存有學（ethical ontology）的系統。這種看法，在文獻上至少可上溯到〈大學〉，在義理上更接近宋明儒學中形上學的看法。我認為這個三維度的人生觀其實就是唐君毅先生愛情哲學的核心，也是他的哲學的基礎。

　　總的來說，我想唐先生的愛情哲學用心所在，其實是希

望借情愛來引領青年向上發展，而使他們不致沉淪於情慾。
長者用心，溢於言表。有時候。我們也許覺得他的論證有時
不免過鬆，用語也不是太過嚴謹。不過，也許嚴格知識的建
立，本來就不是他的哲學所最要用心的地方。葉海煙先生曾
說：「學、教合一乃唐君毅人文關懷的臨界之點。而學以哲
學為主體，教以宗教為導向，唐氏整合二者是以彼此相函的
廣大心靈為根柢 —— 此亦即唐氏心靈哲學的終極所在，而其
人文關懷於是不離哲學之智慧與宗教所護持的道德，如此主
客相融，知識的意義與行動的效力乃由主體的信念和修養擴
及整個世界，而普現一切合理之秩序。」[66]我們也可以說唐
先生知道哲學有成就學問知識的功能，但是他更重視哲學的
救世的教化功能，多於建立知識的學術功能；它反映著實踐
信仰重於理性辯解，成就人格重於建立知識。而人格的成
就，層層開展為通貫的道德秩序，理想的人文世界。

　　唐先生的《愛情的福音》所論雖然在「愛情」，但是唐
先生用心卻更在於以哲學思辯演繹人性可能展現的「福
音」，他再三致意的是喚醒青年的道德靈魂，提振生命存在，
唐先生在的用心，真值得吾人三思。

　　（本文原於一九九七年四月發表於新加坡國立大學中文系漢
　　學研究中心主辦的「儒學與世界文明國際學術會議」）

---

66 葉海煙著，〈哲學的理想與理想的哲學〉，見《哲學雜誌》第 17 期
　　（1996 年 8 月），頁 120-135。引文見頁 129。

第五章　牟宗三先生論新外王

壹、引　言

　　自清末鴉片戰爭以來，西方文化挾著船堅炮利的強力東來，中國由天朝大國一轉而成東亞病夫，傳統的政治、經濟與社會秩序都受到前所未有的衝擊，隨著帝國主義入侵的日益劇烈，不但中國的生存受到極大的威脅，而中國文化更面臨全面崩潰之局，所以從根本上說，這是一場最廣義的文化衝突。在這樣一個歷史背景下，傳統中國文化與現代社會的衝突、調和與整合，便一直成為許多知識份子關心的重大而複雜的文化議題。中國文化源遠流長，有很多不同方面的發展，自然不限於儒家一脈，但是因為儒學在傳統文化中的特殊地位，儒學與現代化是否相容就自然成為這個議題的一個重要焦點。事實上，二十世紀初年，攻擊孔子與儒學的學人，就多從這方面去用力。譬如胡適之先生在歸納陳獨秀和吳虞二人反孔的重點就說：「吳先生和我的朋友陳獨秀是近年來攻擊孔教最有力的兩位健將。…精神上很有相同之點。獨秀攻擊孔丘的許多文章（多載在新青年第二卷）專注重『孔子之道不合現代生活』的一個主要觀念。…吳先生…非孔的文章，

他的主要觀念也只是『孔子之道不合現代生活』的一個觀念。」[1]可見儒學與現代化的相容性問題，確是當時許多知識分子關心的焦點。

當時西化派主張全盤西化論，[2]當然認爲傳統思想文化與現代文化絕不能相容，陳獨秀（1879-1942）在〈東西民族根本思想之差異〉中甚至說：「東西民族不同，而根本思想亦各成一系，若南北之不相並，水火之不相容也。」[3]所以在西化派的激進言論中，中國若要生存，便須現代化，而要現代化，就必須盡棄中國文化，尤其要盡棄儒學。[4]更不幸的是，政治野心家更利用祭孔、定國教等名義，試圖混水摸魚，恢復帝

1　胡適著，〈吳虞文錄序〉，見吳虞著，《吳虞文錄》（上海：亞東圖書館，1921 年），頁 3。

2　周策縱教授不認爲胡適、陳獨秀、魯迅、錢玄同等主張全盤西化論。我認爲這個說法部分是對的，像胡先生在以外國人爲對象所發表的談話中，就相當推重中國文化。而晚年的言論更顯得重視儒家，並非完全反對中國文化。不過，從另一面看，胡、陳等人當年亦真的確曾講過反孔反儒的言論。所以這問題要全面的檢查文獻才會有較爲確定的答案。周教授的看法見氏著，〈胡適對中國文化的批判與貢獻〉，收入氏著，《胡適與近代中國》（臺北：時報文化出版企業有限公司，1991 年），頁 319-333，特別是 324-327。

3　原刊於《新青年》，第 1 卷，第 4 號。現收入陳獨秀著，《獨秀文存》（上海：亞東圖書館，1922 年初版，1927 年 8 版），上冊，卷 1，頁 35-40，引文見頁 35。又參考同書的〈孔子之道與現代生活〉一文，文見上冊，卷 1，頁 113-124。而對陳獨秀批評孔教的簡單介紹，可參考鄭學稼著，《陳獨秀傳》（臺北：時報文化公司，1989 年），上冊，頁 194-211。李洪鈞著，《陳獨秀評傳》（瀋陽：遼寧大學出版社，1990 年），頁 56-60。

4　如陳獨秀就曾說：「本誌同人本來無罪，只因爲擁護那德莫克拉西（Democracy）和賽因斯（Science）兩位先生，便不得不反對孔教、禮法、舊倫理、舊政治。」參氏著，〈新青年罪狀之答辯書〉，收入氏著，《獨秀文存》，上冊，卷 1，頁 360-362。

制。[5]於是儒家在國人心目中的形象急速破產,而孔子、儒家便被視為保守、封建、落伍等的代名詞。其實,五四以下,許多人都認為儒學是封建獨裁,而與現代文明絕對扞格不入。[6]總而言之,當時大家為了救亡圖存,[7]大力鼓吹現代化,而一般又將科學與民主看成為現代文明的表徵,因此在這個傳統與現代的衝突論述中,就特別反映在儒學與科學、民主是否相容這一議題之上。[8]

在這個西化潮流中,儒家也進行種種的回應,[9]當代新儒家領袖牟宗三先生(1909-1995),[10]就力排眾議,不但認為兩

5　參 Chou, Tse-tsung, "The Anti-Confucianism Movement in Early Republican China," in A. Wright ed., *The Confucian Persuasion* (Stanford: Stanford University Press, 1969), pp. 287-312. 有關袁世凱利用尊孔來達致恢復帝制的過程,簡明的可參看,李宗一著,《袁世凱傳》(北京:中華書局,1980年),頁294-297。

6　如郭湛波在分析中國現代思想的幾次衝突時,便曾這樣子說:「近代中國思想第一次衝突,就是西洋工業資本社會與中國宗法封建農業社會的衝突。代表中國宗法封建社會的思想就是孔子。」,參考氏著,《近代中國思想史》(香港:龍門書局,1973年初版),第二十篇〈關於思想論戰〉,頁450-475。引文見頁450。

7　參李澤厚著,〈啟蒙與救亡的雙重變奏〉,見氏著,《中國現代思想史論》(安徽:安徽文藝出版社,1994年),頁11-52。

8　蔣夢麟先生的《西潮》憶述當時的情況說:「『新青年』正鼓吹德先生和賽先生(即民主與科學),以求中國新生。……自然而然對舊信仰和舊傳統展開激烈的攻擊。有些投稿人甚至高喊『打倒孔家店』!」,見蔣夢麟著,《西潮》(臺北:世界書局,1974年),頁115。

9　有關新儒家的回應,簡明的介紹可參考王邦雄著,〈當代新儒家面對的問題及其展開〉,收入氏著,《中國哲學論集》(臺北:臺灣學生書局,1983年8月),頁1-31。

10　「當代新儒家」所指的確定意義,並沒有一個大家都共同接受的看法。本文主要是指以黃岡熊十力為宗,於六〇年代起在港臺地區學界流行的新儒家們,其代表性人物是唐君毅、牟宗三等人。參看余

者能夠相容，更進而主張儒學能夠開出民主與科學。在當代
儒者中牟宗三先生對現代化問題，的確是非常用心的一位。
他先後寫了《歷史哲學》、《道德的理想主義》、《政道與治道》
幾本書，來處理這個問題。其中牟先生所提出的儒學能夠開
出民主政治的主張，即所謂「開出論」或「新外王論」更是
研究當代儒學的學者所熟知的，而且因爲牟先生的學術地
位，信從者甚眾。所以儘管新儒學陣營中，大家的觀點並不
一致，[11]但是牟先生的理論在新儒家中最具代表性，也最能
引起注意。因此本文在探究現代儒學有關現代化的論述時，
就特別選擇牟先生的新外王理論作爲討論對象。本文將首先
簡介牟先生新外王的主張，進而反省這些主張的思想淵源，
並提出個人的一些初步反省。

貳、牟宗三先生新外王論簡述

　　分析牟先生的中國文化或儒學能夠開出新外王 —— 民主
與科學－這個論題，很清楚看出這裡涉及儒學、民主與科學

英時著，〈錢穆與新儒家〉，收入氏著，《猶記風吹水上鱗》（臺北：
三民書局，1991 年），頁 31-97，特別是頁 57-67。此文後亦收入氏
著，《現代儒學論》（新加坡：八方文化企業公司，1996 年），頁
103-158。余先生此文對當代新儒家提出頗爲強烈的批判，雖然鵝
湖諸賢也曾提出有力的反駁，但余先生並未回應，而且五年後又不
經修改的收入新著之中，此文應可視爲余先生迄今的定見。

11 當代新儒家們雖然有不少共通的理念，但是也是一群異質性不低的
　學人。可謂其同不掩其異。譬如在對民主的看法上，唐先生就不認
　爲西方民主政治是理想的。

三個成分，牟先生對於這三個成分的了解，我們將在下文加以處理。但是，由於牟先生是將這個議題放在比較中西文化的論述中加以處理，因此，要充分了解牟先生的看法，我們有必要先看看牟先生對中西文化的觀點。

一、牟先生對中西文化的理解

牟先生將儒學的發展分成三期，先秦兩漢爲第一期，宋明爲第二期，而當代則爲第三期。第三期儒學的任務是在儒家價值系統的基礎上開出新外王。[12]所謂新外王指的是民主與科學，也就是廣義的現代化問題。[13]牟先生也曾以道統、學統和政統來說明新外王。學統的奠立，是開出科學等知識，而政統的開出就是處理民主政治的問題。[14]

這個問題涉及牟先生對中西文化的了解，牟先生認爲中西文化從一開始就走上不同的方向，中國文化表現了「綜合的盡理精神」與「綜合的盡氣精神」，它關心的是生命，成就的是生命的學問。但中國文化沒有個體的自覺，在政治上也沒有主體的自由，所以只有「治權之民主」，而沒有「政權之民主」。不過，牟先生說中國文化沒有個體的自覺，並非指中國文化沒有個體性的表現，相反的，中國文化的個體性，通過道德主體及藝術主體自由而有充分的展現。

相對來講，根據牟先生的理解，西方文化在思想主體自

---

12 牟宗三著，〈儒家學術之發展及其使命〉，見氏著，《道德的理想主義》（臺北：臺灣學生書局，1985 年），頁 1-12。

13 牟宗三著，《歷史哲學》（臺北：臺灣學生書局，1984 年 8 版），頁 188-189。

14 牟宗三著，《道德的理想主義》，〈序〉，頁 6。

由和政治的主體自由兩者都有充分的表現。思想主體自由展
現為科學,而政治的主體的自由則展現為民主。為甚麼呢?
要解答這個問題,需要理解牟先生所認定的科學與民主的特
性。用牟先生的術語,民主和科學都是所謂「分解的盡理精
神」的表現。牟先生的「分解」有一特性,即置定與主體對
揚的對象。簡單的說,就是從原初的混同狀態,分裂為對列
狀態;對原初的狀態而言,在概念上就有分開或解開的意思,
故謂之「分解」。從思想主體自由這一方面來說,主體通過概
念思惟,掌握對象而成主客對列之局,從而成就知識。所以
奠下科學的基礎。而從政治主體自由來看,民主政治下,每
個人都是平等的個體,於是沒有封建王權下的君臣上下隸屬
的格局,而是眾多個體平鋪部列的對列之局。[15]

　　總之,簡單的說,牟先生認為中西文化之不同,就在於
一為綜合的精神,一為分解的精神。

二、「理性的運用表現」與「理性的架構表現」

　　牟先生也用「理性的運用表現」與「理性的架構表現」
來說明他的論點。首先,我們需要釐清這一對概念指的是甚
麼。

　　簡單的說,「理性的運用表現」是指實踐理性在具體生活
的運行,這也就是所謂「承體起用」,因為它一方面涉及這德
性之體,另一方面又指向這個體在事上之用。換言之,就是
德性的運用於具體情事之上,以期達到理事合一、情理合一。

---

15 牟宗三著,《政道與治道》(臺北:臺灣學生書局,1990 年增訂新
　　版),頁 74-82。

[16]這在政治上，就成了儒家的治道。因爲傳統政權是從軍事政治的強力而來的，實際上就等於沒有一個合理的政道可以講求，所以中國文化偏重在治道。而儒家的治道表現在德治主義，德治主義並未能對政權來源的正當性予以充分的重視，所以只能以治道的理想救傳統政道之窮，治道的最高理想就是所謂聖君賢相。

讓我把牟先生所談的問題說得更清楚一點，德治主義將政治事務看成爲道德的直接延伸。於是將政治的合理性（political rationality）的問題化約爲統治者德性的合理性（moral rationality）的問題，使得傳統儒家的政治論述，非常重視對統治者的道德要求。爲甚麼呢？本來道德關乎個人生活的管理，而政治則涉及眾人事務的安排。將政治領域看成道德領域的延伸，是混淆個人領域與眾人領域。但是基於這種看法，就可以進一步說，如果改進道德生活的重點是個人德性的提昇，那麼改進政治生活的重點就自然也放在個人德性之上。而寬鬆的說，傳統社會的統治者是君相，所以傳統儒家的政治論述的重點也就自然擺在對這些統治者的道德要求，這就是儒家的聖君賢相的德治思想。這一種思路實際上是道德價值直接在政治範域之「運用的表現」，因此牟先生說這是「理性的運用表現」。

問題是這種思路重點擺在政治權力運作的合理性（Operational rationality），而輕忽了政權來源的根本合理性。在實際的操作上，人們偏重對具體事務講求合理，但是

----

16 牟宗三著，《政道與治道》，頁 46-47。

少有反省統治者的統治權來源是否合理的。最多也不過是在新舊政權鼎革之際，用混雜了天命與民意的方式將反抗合法化。但是由於對政治權力的根本來源缺乏合理的反思與安排，一旦新朝建立，就又進入另一階段的朝代循環中，政權的來源與讓渡等問題，始終沒有合理的安排。最高不過是用家族倫理關係來談治權的合法過渡，譬如父死子繼或兄終弟及的規定即是。如此一來，近代意義的政治架構就無從開展，更遑論民主政治了。[17]

如果我們配合上文所述的綜合的精神來看，則可以看到由於對政權的轉移並無合理的安頓，中國歷史上就充滿著依靠槍桿子而出的政權，這一種打天下的英雄，所依靠的就是「綜合的盡氣精神」。「綜合的盡氣精神」表現爲盡才盡情盡氣的藝術人格；而「綜合的盡理精神」則表現爲盡心盡性盡倫盡制的聖賢人格。但中國文化始終沒有像西方般，使分解精神得以充分發展，所以民主政治就無由開展。

因爲對列之局是民主政治之本，而這就是理性的架構表現。何謂「理性的架構表現」呢？牟先生說：

> 它的底子是對待關係而成一對列之局（Co-Ordination）。是以架構表現便以「對列之局」來規定。而架構表現中之「理性」也頓時即失去其人格中德行即具體地說的實踐理性之意義而轉爲非道德意義的「觀解理性」或「理論理論」，因此也是屬於知性層上的。（運用表現不屬於知性層）。[18]

---

17 牟宗三著，《政道與治道》，頁 186-189。
18 牟宗三著，《政道與治道》，頁 52-53。

本來依據康德（Immanuel Kant, 1724-1804）的看法，人類理性可以進行不同的運用，牟先生的「理性的運用表現」基本上就是康德理性之實踐的運用，而「理性的架構表現」其實基本上就是理性的理論運用，這種看法與康德的區分是平行的。「理性的架構表現」也可以稱為理論理性，或觀解理性。它可以表現為民主政治的對峙的格局，而不是帝制式的上下隸屬關係。在這個精神下，每個人都是平等的個體，他們共同成立政府，這是現代民主政治的基礎。同理，對列之局得立，則主客認知的狀態也就開出，從而成就科學知識。

總之，在牟先生的理解中，民主、科學是理性的架構表現，科學民主的有無，則端視對列之局是否能夠出現，而根本上，這又以所謂「分解的盡理精神」為基礎。

三、儒學如何開出新外王的問題

我們已經處理了牟先生對中西文化的了解，又探究過牟先生眼中的民主、科學的本性。現在我們的問題是儒學如何開出新外王這麼一個「如何的問題」（a question of how）。

既然牟宗三認為儒學是理性之綜合的運用表現，而民主科學又是理性之分解的架構表現，那麼要求儒學開出民主科學的新外王，就等於是要理性之運用表現轉出架構表現。亦即無法直接從儒學本身建立起民主科學，而須用間接的方式，這也就是牟先生的「曲通」說。什麼是曲通呢？牟先生說：

> 如果我們的德性只停在作用表現中，則只有主觀的實現或絕對的實現。如果達成客觀的實現，則必須在此

> 曲通形態下完成。如只是主觀實現，則可表之以邏輯
> 推理；而如果是曲通之以至客觀實現，便非邏輯推理
> 所能盡。此處可以使吾人了解*辯證發展的必然性*。[19]
> （斜體及加粗為本人所加）

　　從這段文字我們可以清楚看到曲通不是「主觀實現」，而
是一種辯證發展，是道德理性自我否定而轉出理論理性，牟
先生也將這一點稱為「道德理性（良知）的自我坎陷」。

　　所謂良知的自我坎陷是指道德理性通過自我否定，從與
物無對的直覺狀態，自覺的轉為主客對列的知性狀態。這就
是所謂從「理性的運用表現」轉出「理性的架構表現」，亦即
從德性主體轉出知性主體。換言之，即從實踐理性轉出理論
理性。用牟先生的話，是使仁「讓開一步」，以便純粹知性得
以發展，從而開出民主科學。牟先生說：

> 由動態的成德之道德理性轉為靜態的成知識之觀解理
> 性，這一步轉，我們可以說是道德理性之自我坎陷（自
> 我否定）：經此坎陷，從動態轉為靜態，從無對轉為有
> 對，從踐履上的直貫轉為理解上的橫列。此一轉中，
> 觀解理性之自性之自性是與道德不相干的。[20]

　　可見坎陷就是轉出，而良知的自我坎陷，不外是實踐理
性之轉出理論理性。實踐理性與理論理性自身本來就是理性
的不同運用，亦各有不同的運行領域，自然可以是不相干的。
但是，為使實踐理性得以充量的發展，於是便由實踐理性曲
折地轉出理論理性，這一個轉出是一個曲折的發展，是一個

---

19 牟宗三著，《政道與治道》，頁 57。
20 牟宗三著，《政道與治道》，頁 58。

辯證的發展。

　　這一種辯證的發展是先由良知或「自由無限心」自我否定而成認知主體，然後推出對象，這一步使認知格局下的「能所結構」得以出現，或所謂對列之局出現。這就是認知的基礎，而現象亦因之而起。這樣子的現象自然是近於康德式的理解，因為這樣理解的現象是對象之顯現於我們者，它是人的認知機能之所對。[21]在《現象與物自身》中，牟先生曾說：

> 「自由無限心」既是道德的實體，由此開道德界，又是形而上的實體，由此開存在界。存在界的存在即是「物之在其自己」，因為自由的無限心無執無著故…「自由無限心」既朗現，我們進而即由自由無限心開「知性」。這一步開顯名曰知性之辯證的開顯。知性，認知主體，是由自由無限心之自我坎陷而成，它本身本質上就是一種「執」。它執持它自己而靜處一邊，成為認知主體。[22]

　　值得注意是這個知性主體執取而成就認知活動，不是無明的執，而是內在自覺的辯證發展，是成己成物之曲折發展，故謂之「曲通」。[23]因此從德性主體轉出知性主體實際上是一

---

21 這可說是康德在《純粹理性批判》所強調的知識論的「現象」意含，依康德，現象是我們借時間、空間和範疇這些形式條件所認識的對象。

22 牟宗三著，《現象與物自身》（臺灣：臺灣學生書局，1985 年 4 版），〈序〉，頁 6-7。

23 林安梧教授認為這可說是易傳曲成萬物而不遺或中庸的曲致的現代新解。參考氏著，〈實踐的異化與克服之可能〉，原刊於《中國文哲研究通訊》第 5 卷第 2 期（1995 年 6 月）。後收入氏著，《當代新儒家哲學史論》（臺北：文海學術思想研究發展基金會，1996 年），頁 205-218，特別是頁 212。

個辯證的、曲折的道德實踐。同理，德性主體在開出民主之時，亦須通過這樣一個曲通的過程，拉出政治主體之間的對列的格局，因此，跟開出科學論一樣，牟先生的開出民主論，也是德性主體的辯證的、曲折的道德實踐。這就使得所謂曲通、所謂坎陷都有價值論意涵。

　　這亦解釋了實踐理性何以自覺的要求開出與本性相違的科學與民主。因為依據這樣的看法，開出科學與民主可以視為一個道德的命令，它根本就是一種道德理性內在的實踐要求。因此，牟先生是從道德主體的辯證來談他的開出論的。他說：

> 德性，在其直接的道德意義中，在其作用表現中，雖不含有架構表現中的科學與民主，但道德理性，依其本性而言之，卻不能不要求代表知識的科學與表現正義公道的民主政治。而內在於科學與民主而言，成就這兩者的「理性之架構表現」其本性卻又與德性之道德意義與作用表現相違反，即在此觀解理性與實踐理性相違反。即在此違反上遂顯出一個「逆」的意義。它要求一個與其本性相違反的東西。這顯然是一種矛盾。它所要求的東西必須由其自己之否定轉而為逆其自性之反對物（即成為觀解理性）始成立。它要求一個與其本性相違反的東西。這表面或平列地觀之，是矛盾；但若內在貫通地觀之，則若必須在此一逆中始能滿足其要求。實現其要求，則此表面之矛盾則在一

實現或滿足中得消融。[24]

　　從這段文字看來，道德理性要求的是跟它本性相反的觀解理性，而道德理性與觀解理性構成了矛盾中的正反兩方，同時道德理性亦正在這個自我推出的矛盾面中才能客觀的實現自己。所以良知的實現，不僅僅在於成就個人的德性生命，更必然要求能在客觀面有所發展。牟先生就曾明白的說：「道德實踐不只限於個人，而且更致其廣大於客觀的組織：良知天理不只實現於獨體人格，而且實現於整個人文世界。國家、政治、法律是天理良知的客觀實現。」[25]反過來說，「良知天理之表現，若只在聖賢人格，道德人格，而轉不出思想主體，則必流於孤峭而孤窮。而不能產生文化上的富有大業，而孤窮至極，亦必流於其自身之否定。」[26]就此而言，牟先生的開出論不但是辯證的發展，更可說是實踐理性必然的發展。李明輝教授在分析唐君毅、牟宗三、張君勱及徐復觀四位先生在一九五八年發表的〈為中華文化敬告世界人士宣言〉時就曾斷言：「〈宣言〉既非就邏輯關聯、亦非就因果關聯肯定儒學開出民主與科學的必然性；然則，其所肯定的是何種必然性呢？一言以蔽之，這是一種**實踐的必然性**。」[27]

24　牟宗三著，《政道與治道》，頁 56。
25　牟宗三著，《生命的學問》（臺北：三民書局，1987 年 4 版），頁 226。
26　牟宗三著，《生命的學問》，頁 226。
27　李明輝著，〈儒學如何開出民主與科學？〉，收入氏著，《儒學與現代意識》（臺北：文津出版社，1991 年），頁 1-18。引文見頁 8。

參、思想淵源分析

在初步展示了牟先生論現代化的看法後，我們現在要問的是牟先生這種想法的思想淵源。

一、儒家傳統

牟宗三既然是新儒家的領袖，他的最重要的精神資源當然是儒學。內聖外王雖然語出莊子，但是這個思路一直是儒學傳統中的重要成分，後來更與大學的三綱八目結合，於是從內聖到外王便成為儒家精神文化中的典型立場。牟先生要求從道德意識中開出民主、科學，其實是充分反映了儒家經世致用這一理想。當然，傳統儒學的內聖外王論是直接的肯定從內聖開出外王，與牟先生的曲通說自是不相同。一九九二年徐復觀先生逝世十週年，東海大學特別舉辦了一次國際學術研討會已為紀念。當時牟先生負責主題講演，牟先生在講演中就特別強調他本人與唐君毅等歷代儒家不同，因為他不主張把民主科學與修齊治平看作「直線推演」，他說：「我們認為，從孔孟之教到科學民主，不是直接的推演，要經過一番曲折，曲而後能達，不是直達。」[28] 當然曲折的推導並非違背儒家的精神，中庸云：「其次致曲，曲能有誠；誠則形，

---

28 牟宗三著，〈徐復觀先生的學術思想〉，收入東海大學徐復觀學術思想國際研討會執行委員會編，《徐復觀學術思想國際研討會論文集》（臺中：東海大學，1992 年 12 月），頁 1-13，引文見頁 5。

形則著，著則明，明則動，動則變，變則化；唯天下至誠爲能化。」正如劉述先教授所說第一序的至誠太過直截，淪爲烏托邦夢想，第二序的致曲才方便接上現代化的潮流。[29]

但是無論是第一序的直截開出，或是第二序的曲折展開，基本上都立基於本內聖而求外王的思路，換言之，外王是因爲道德倫理的要求，當然牟先生求民主科學的新外王是傳統儒學外王論所無的，就此而言，牟先生的說法可以說是內聖外王的現代版本。事實上，牟先生自己就稱他的開出民主、科學的理論爲「新外王」，可見牟先生的理論的確可說是儒家傳統精神方向的現代努力，所以儒學淵源是牟先生開出論的一個重要精神資源應是不成疑問的。不過牟先生的理論雖以儒家爲主，但卻不以儒家爲限，其中佛學與西方哲學都是他所採資的重要哲學傳統。

二、大乘起信論

牟先生的開出論是預設了一個兩層存有論的，即現象與物自身的區分。用牟先生的術語，即「執的存有論」之現象界與「無執的存有論」之睿智界的區分。牟先生認爲中國哲學都可證成這一區分：[30]

---

29 劉述先著，〈論儒家內聖外王的理想〉，收入氏著，《理想與現實的糾結》（臺北：臺灣學生書局，1993年8月），頁141-156，特別是頁155。該文原刊劉述先主編，《儒家儒理研討會論文集》（新加坡：東亞哲學研究所，1987年1月），頁218-231。

30 牟宗三著，《從陸象山到劉蕺山》（臺北：台灣學生書局，1979年），頁204。牟先生用一心二門的架構說現代化的問題，曾引起學界的討論（如林毓生），有關這方面的討論及回應，可參考王邦雄著，〈論儒學客觀化的「曲成」問題〉，收入氏著，《人人身上一部經典》（臺

> 中國哲學，儒釋道三家，皆可證成康德的現象與物自
> 身之分，在佛家，對識心而言即為現象，對智心而言
> 即為物之在其自己。對道家，對成心而言即為現象，
> 對玄智而言即為物之在其自己。在儒家，對見聞之知
> 而言即為現象，對德性之知而言即為物之在其自己。

　　這自然是借康德超越的分解立說，但牟先生的說法不盡
同於康德，因為牟先生認為儒家之性理，道家的玄理及佛家
的空理，都認為人雖有而無限，都可以有無限智心，或智的
直覺。所以雖然牟先生也用康德的現象與物自身的超越區
分，但是與康德不同，牟先生不將人封限於感觸直覺，而進
一步承認人有智的直覺。因此除了可以依靠感觸直覺綜攝經
驗界以成就知識之外，更能直透智思界，掌握物自身。牟先
生借用大乘起信論的一心開二門的說法來表示這兩層存有
論。一心開二門的「二門」是心真如門和心生滅門，前者攝
無為的智思界，後者攝有為的現象界。而所謂開出新外王，
其實是從無執、無造作的真如門轉出有為、造作的生滅門，
從具有物自身身份的自由無限心來攝取現象界的民主、科學
等活動。因此，牟先生的開出論基本上就是一個實現價值的
活動，它是一個作為物自身的自由無限心，自覺的要求實現
價值的活動，所以這個自由無限心（物自身）是一個有價值
意味的物自身。從《純粹理性批判》中，我們知道康德的物
自身是知識論意義的，[31]牟先生對物自身的這個詮釋自然跟

　　北：漢光文化事業股份有限公司，1993 年），頁 21-44。

31 有些康德專家認為從康德的論著看是可以看出物自身是有價值意
　　味的。如李明輝教授便認為康德的著作是可以支持牟先生將物自身

人們從第一批判所得的印象非常不同。但是，牟先生的想法與康德開出的德國觀念論傳統的高度相關性，卻是再清楚不過。

三、德國觀念論

為了追求富強，國人要求科學民主的人非常的多，但是要引進科學民主卻不一定要從實踐理性談起，如西化派便十分主張直接引進民主、科學。牟先生當然反對西化派，但他的看法跟一般的文化傳統主義者也不一樣，他不贊同拼接式的中體西用論，他要從中國文化中特顯的道德理性中，有機地生出民主與科學。換言之，他是以道德為本，來開出新外王。這種有機論使他的道德理想主義的立場十分顯明。更重要的是這一種開出論是採取辯證的進路的。分析牟先生的辯證進路的淵源，德國觀念論是一個重要的成分。

提到辯證法，大家最易想起的自然是黑格爾（G.W.F. Hegel, 1770-1831）、馬克斯（Karl Marx, 1818-1883）等哲學家。牟先生談的是精神的辯證，自然與馬克斯的唯物辯證不同。問題是到底牟先生的精神辯證有何淵源，檢討牟先生的文獻，我們清楚看到他對康德哲學的創造性繼承，實在成績斐然。不過，在開出論中的辯證這一方面，許多學者都認為牟先生是借用黑格爾的說法，如楊儒賓教授就曾提出所謂「黑

作價值論的詮釋。參李明輝著，〈牟宗三哲學中「物自身」的概念〉，收入氏著，《當代儒學之自我轉化》（臺北：中央研究院中國文哲研究所，1994 年），頁 23-52。

格爾－起信論式」的解釋，[32]儘管我們不一定印可楊文對牟先生的批評，[33]但是牟先生自己曾明白的指出：「此步開顯是辯證的（黑格爾意義的辯證，非康德意義的辯證）。」[34]不過，近年闡述、發揚新儒學卓有貢獻的李明輝教授，在談到牟先生的辯證的開顯說之時卻有不同意見，他主張這是康德式的。李教授說：「但說這種思考模式是『黑格爾式的』，則不甚諦當；與其說它是『黑格爾式的』，還不如說是『康德式的』。」[35]我認為這其中的問題是李教授的文章並非針對辯證問題立說；更並非沒有讀到牟先生這段話，他的著眼點是現象與物自身這超越區分，他要指出牟先生的立說是以這個架構為根底的。李明輝教授的重點是在指出牟先生和康德一樣，講現象與物自身的區分，而黑格爾則要化掉這個分別，基於這個差異，李教授主張比較來說，牟先生的思考模式接近康德多於接近黑格爾。這個看法自然不成問題。但是，我認為如果從辯證思惟看，牟先生的模型還是接近黑格爾。

　　讓我們進一步分析辯證法的意義，「辯證」這個字的希臘文原義是指對話，但日後發展繁富，並無統一的看法。不過，就本文的目的而言，也許我們更應看牟先生自己是怎樣理解辯證法的。牟先生說：「至於辯證法（Dialectic），它既不是

---

32 楊儒賓著，〈人性、歷史契機與社會實踐－從有限的人性論看牟宗三的社會哲學〉，見《臺灣社會研究》第 1 卷第 4 期（1988 年冬季號），頁 139-179。

33 參李明輝著，〈當前儒家之實踐問題〉，收入氏著，《儒學與現代意識》，頁 19-43。

34 牟宗三著，《現象與物自身》，頁 122。

35 參李明輝著，〈當前儒家之實踐問題〉，收入氏著，《儒學與現代意識》，頁 20。

純邏輯，亦不是科學方法，而乃是形而上學中的方法，我們亦可以叫它是“玄學的方法”（Metaphysical method, 或 method of metaphysics）。」[36]這已經透露出牟先生的思辨性形上取向，但更重要的是據牟先生「…辯證的發展，縱貫則精進無已，橫慣則隨時擴大。…所以本道德心靈道德理性之本性之不容已，它必須要客觀化而爲成全人間組織之超越根據，此即是歷史，家，國，天下乃至政治，法律之所由立。」[37]這樣一個通過辯證而統包宇宙的看法，自然是黑格爾的思辨性的精神辯證。所以我們可以這樣說，牟先生的新外王論預設了康德的超越區分，但是卻運用黑格爾的精神辯證來展開民主與科學。而康德與黑格爾是德國觀念論的大師，可見牟先生理論淵源之所在。

肆、初步省思

牟先生用了好多篇幅，更用了不同的說法，反覆說明他的看法，他的苦心是很可以理解的，他對中國文化的使命感，更是令人感佩。但是如果我們將牟先生的講法沈澱一下，排開牟先生的種種名相，那麼牟先生用辯證的必然性來談開出科學與民主的這個主張，其實很難令人不生疑竇的。

---

36 牟宗三著，《理則學》（臺北：國立編譯館，1971年），頁271。
37 牟宗三著，《理則學》，頁279。

一、新外王論的定性問題

基本上，牟先生的講法是說人們了解到僅僅有主觀的良知是不夠的，如果我們要求客觀地實現道德就必須在社會、政治、科學等方面有所成就。而道德理性自身又不能直接承擔這個任務，所以便轉而企求理論理性在這些方面發揮功能，從而使道德理性的要求不致落空。其實，這個曲通的關鍵就在於實踐理性對理論理性的企盼與要求。它企盼理論理性出現，所以便讓位出來，好使理論理性能開出。在這裡，理性實際上是有兩步的運作，首先，理性進行實踐的運用，它確立了一個價值方向，並要求理論理性發用，以使這個方向得以落實；其次，理性再進行理論的運用，即理性以理論理性的身份，成就邏輯、數學、科學等，從而使得價值方向得以客觀的實現。所以所謂客觀的實現，實在是以實踐理性為其可能性條件。

從這樣看來，這個開出論說的並不是如何（how）的問題，而是為何（why）的問題，即道德理性為甚麼要開出理論理性的問題，而答案很簡單：它要充分的實現。

也許有人會說，實踐理性辯證出理論理性這樣一個轉出，就是牟先生對「如何」問題的解答。如果是這樣，那麼牟先生大費周章去談開出論，似乎是勞而少功。因為本來牟先生就是據黑格爾立說，所以即使這個說法可以成立，牟先生在這個議題上的理論貢獻還是有限。我們不禁要問牟先生的解說又增加了甚麼新的見解呢？它在理論上又推進了甚麼呢？

二、道德動因的問題

進一步說，如果牟先生所說的重點不是在講理論理性在開出民主、科學的功能，而在於講實踐理性必然的辯證出新外王，即重點是在實踐理性必然產生驅動的理性進行理論的運用這一點上，那麼牟先生的說法就等於說民主、科學的產生是出自於一個內在的道德要求。可是，從歷史看來，民主政治的建立，與科學的發展，似乎不一定訴諸甚麼內在的道德辯證，而我們似乎也沒有強烈的理由相信這是真的。如果有人這樣主張，他就有責任提供歷史證據。[38]

事實上，牟先生在談德性與民主、科學的關係的問題上，正突顯他的道德理想主義，他說：「…沒有德性，固不能有科學與民主政治，但有了德性，亦不能直接即有科學與民主政治。」[39]從必要條件（necessary condition）與充分條件（sufficient condition）的區分來看，牟先生顯然將德性看成為科學與民主的必要條件。這個判斷並沒有堅實的基礎，一個科學家從事科學發明可以基於各種不同原因，他固然可以是為了崇高的德性要求，但也可以只是為了金錢、興趣…。難道少了德性，就無法有科學進展嗎？難道科學家都在德性上有甚麼成

---

[38] 當然我們並非說一旦說明了歷史上民主、科學在歐美的發展因素，我們就掌握了中國能開出民主、科學的因素。因為在理論上，這涉及兩組不同的條件。勞思光教授曾以創生條件與模擬條件的不同來說明這個問題。參氏著，《中國文化路向問題的新檢討》（臺北：東大圖書公司，1993 年 2 月初版），頁 55。又見氏著，〈文化的創生或是模仿更具可能性〉，收入氏著，《解咒與立法》（臺北：三民書局，1991 年），頁 223-229。

[39] 牟宗三著，《政道與治道》，頁 56。

就才可以推動他的研究嗎？

三、中西文化定性的問題

　　事實上，牟先生的開出論從根本處就需要更多的說明。我們在上文也曾看到過牟先生的理論是建立在他對中西文化的判斷之上的，牟先生提出綜合精神與分解精神的分判來說明東西文化的大別，並借這個分判來解釋何以民主與科學產生於西方，而東方則偏主於道德、宗教、藝術等的發展。如果真的是像牟先生所說的樣子，那麼分別表現綜合精神與分解精神的東西方文明，何以同樣出現過封建政制與君主獨裁？而同樣接受分解精神支配的西方文明，又何以在不同歷史階段有差異如此巨大的政體？[40]牟先生這一種高度一元論的化約論，雖然簡單明瞭，但是對真正面對問題、解決問題，恐怕並無太大助益。

四、偏主形上學的危機

　　事實上，牟先生這個開出論，基本上是一個形上學的架構。當然相較於西方，哲學在近現代中國實在是非常衰弱，而在近代中國哲人中能夠提出哲學系統的本已不多，牟先生不但自建系統，而且若論系統精嚴，國人中更是難有其匹。不過，這樣一個哲學系統卻也隱含了一個偏主形上學的危機（the crisis of partiality for metaphysics）。即將一整套關乎德性生命轉化的學問偏重發展為一整套以形上學為主的純知識

---

40 黃克劍與周勤兩位教授也有相同的看法，參氏著，《寂寞中的復興 —— 論當代新儒家》（江西：江西人民出版社，1993年），頁42-43。

性的概念系統。我們知道儒家講求成德之學，要成德則功夫自然是不可或缺的，而一個完整的儒學理論，就必須包含功夫論。所以古代大儒莫不講求功夫，對功夫亦多有反省。當然我們需要注意功夫與功夫論的不同，我的重點不是說牟先生個人欠缺功夫實踐，而是說牟先生的開出論似乎缺乏對實踐功夫的充分討論。如果新外王必待良知坎陷地開出，那麼對如何培養、擴充良知的功夫就是下手的關鍵，這在理論上是不能不交代的，而牟先生的理論在這方面是顯然是不足的。

　　事實上，牟先生的用心所在是在建立儒家的道德形上學，這個努力的成績是光輝卓著的，可惜牟先生在建立一個形上學架構，並未在教人在下手功夫的問題多所著墨，這又顯示了牟先生的開出論系統在功夫論上的不足。當然知識化、形上學化正是新儒家在學術上比先儒進步的地方，這是大家有目共睹的。但是問題正在這個知識化的過程中，儘管牟先生曾強調儒學是生命的學問、實踐的智慧，而他對儒學史中的某些功夫論問題也確有精彩的梳理，但是流風所及不免使踵武者容易流於偏重知識，特別是形上學，而不知踐履。所以近年新儒家前輩學者中，甚至有人說儒家成聖成賢的理想是不可欲的，青年學人中也主張當代儒家「注定」蛻變成專業哲學家。鄭家棟先生就曾說：「高度專業化的學院教育和社會分工，注定要使儒家的傳統聖賢失去其所存在的社會土壤，而寄身於現代學院的儒學研究，也注定要使儒學偏離其作為為己之學的本質規定，而被作為某種知識（歷史的或哲學的）加以研究和傳授（從而也正應了那句古之學者為己，今之學者為人的老話），否則它就沒有理由在現代學院中占有

一席。」[41]

不過，如果我們承認儒學是成德之學，我們當然不能認可這種說法，但是從這個偏主形上學的角度來看，我們似乎也可以明白這樣的發展亦非事出無因的。其實，儒學本來是一個擁有很多面向的文化傳統，今天儒學亦不妨嘗試更多新的發展，哲學化、知識化當然是可行的發展途徑之一，但是如果連成聖成賢這個儒門的根本理想都要放棄，我們不禁要問這一套學問還是儒學嗎？儒家與從事儒學研究的非儒家又如何區分呢？如果今後儒學只走這樣一個形上學化的方向，而忽視對功夫的反省，甚至根本忽視功夫，那麼儒家的前途不免可慮。而且我相信也絕非牟先生所首肯的。

伍、結 語

總的來說，我們應該承認牟先生的努力，也應深切體會牟先生希望展示儒學的現代相干性的苦心。但是，如果上文的評論還算有一得的話，那麼牟先生的貢獻主要還是在表示意識界中的強烈開出現代化的重要成分的主觀願望為主，至於如何從儒學中真正開出民主與科學，似乎還有待大家進一步努力。也就是說，牟先生的談法，偏重於可能性條件的探討，而沒有充分重視實現條件。其實我們倘若了解到民國以來前輩們的努力，當能進一步體會牟先生在這方面的意見，

---

41 鄭家棟著，〈沒有聖賢的時代〉，見氏著，《當代新儒學論衡》（臺北：桂冠圖書公司，1995年12月），頁7。

實在是代表了當代新儒學的一個非常重要的嘗試，甚至是一個非常重要的進步。

從思想史的角度看，一方面，我們看到不少儒者根本不了解民主，甚至排斥民主；另一方面，我們卻又看到論者直接肯定儒學主張民主，將儒家的民本思想與西方民主思想混爲一談。[42]張君勱（1887-1969）先生甚至認爲西方的天賦人權、民主政治的思想是來自儒家的。他說：「可知天賦人權，自是吾家舊物，遺留於海外二三百年之久，今可如遊子之還鄉矣。彼西方既採儒家言以建其民主，吾何爲不可以西方民主還之於儒家乎？」[43]其實，前輩學人服部宇之吉先生就曾清楚的表示：「中國儒家思想中，雖有民本主義，卻無民主主義；把民本主義直接算民主主義，不是曲解，便是誤解。」[44]後來學者多能區分儒學，特別是孟子的思想只能算是民本主義，而不是民主主義。[45]牟先生也看到民主政治與傳統聖君

<hr>

42 如王曉波著，〈儒家民本思想與中國特色的民主〉，收入中華孔子學會編，《儒學與現代化》（北京：人民出版社，1994 年），頁 255-280。

43 張君勱著，程文熙編，《中西印哲學文集》（臺北：臺灣學生書局，1981），上冊，頁 386。有關張氏的看法，簡明的介紹可參考胡偉希著，《傳統與人文》（北京：中華書局，1992 年），頁 205-240。啓良著，《新儒學批判》（上海：三聯書店，1995 年），頁 120-138。

44 服部宇之吉著，《儒教と現代思潮》（東京：明治出版社，大正 7 年〔AD 1918〕初版，大正 8 年〔AD 1919〕再版），頁 1-40。引文據中譯本，《儒教與現代思潮》（臺北：文境文化事業有限公司，1983 年），頁 24。譯者失載。

45 如勞思光早在 1965 年就於《中國文化要義》一書提出這一論點，參氏著，《中國文化要義》（香港：中國人文研究學會，1987 年 10 月），頁 61-63。劉述先著，〈從民本到民主 —— 爲陶百川先生八十壽慶而作，收入氏著，《文化與哲學的探索》（臺北：臺灣學生書局，1986 年 7 月），頁 333-355。

賢相的德治主義不同，進而提出曲通之說，希望在理論上會通兩個傳統，實在是比許多他的前輩來得進步。而且在會通中西方面，牟先生在理論上的精緻程度，中國學人中更難有其匹；更重要的是牟先生的苦心孤詣，充分反映出他對儒學的認同與承擔，更反映出儒者心憂天下的仁心，牟先生作為當代新儒學的一代宗師，實在是當之無愧。

今天，我們檢討牟先生的論點，目的自然不是苛責前人，而是期盼大家在前輩的基礎上，共同再多作努力罷了。

（本文原於一九九七年八月二十二日發表於韓國中國學會主辦的「第十七次中國學國際學術大會」）

第六章　進路與視域
── 為勞思光先生的哲學進一解

壹、引　言

　　這篇文章旨在探討勞思光先生哲學的進路及視域，而以他的文化哲學為考察的重點。當然本文以文化哲學為主，但並不表示本文以之為限。不過，在正文之前，我想先交代本文以文化哲學為考察重點的原因。當然，勞先生對許多哲學的問題和流派都有接觸，從古代到現代，從中國到西方，莫不有所論列。但是從他已經出版的著作來看，毫無疑問是以文化哲學這一方面較多。事實上，勞先生從一開始寫作一直到最近幾年，都有一個非常重要的關心點，就是文化哲學的問題。他的早年著作大多已經收錄在《少作集》之中，今天考察《少作集》，不難發現其中有大量的文化哲學的考察。而一九五七年出版的《文化問題論集》應是勞先生到香港後所出版的第一本著作，這本書一開始即談中西文化精神的異同，即所謂「世界文化的航程」；至於中年的《中國文化要義》以及晚年的《中國文化路向問題的新檢討》等等，莫不是對中國文化問題的考察。因此本文鎖定勞先生文化哲學來進行

探討，應亦可收因枝振葉之功。當然我們都知道勞先生中年以後漸漸重視的語言哲學、分析哲學，而且盱衡現代哲學各個流派，出入百家，獨具慧見，正所謂：「百家出入心無礙，一海東西理可知。」[1]我們很期待日後勞先生能將這些洞見寫成他的晚年定論，嘉惠學壇，但是現在因為沒有實際作品可供分析，我們的研究就自然受到了侷限，所以這篇文章只以他的文化哲學為考察的重點，當然我們這篇文章談的只是他的廣大哲學版圖的一個方面，實在並不足以全面充份反映勞先生的學問，但是我相信這篇文章的焦點還可以相當充份地反映勞先生已出版著作的重要核心。

　　在下文中，我將在第二節討論進路的問題，然後在第三節簡單的介紹通過這個哲學進路他所看到的視域，即談勞先生文化哲學的具體意見。而在這結論之前，我們將以一個批判的態度做一個初步的反省。

貳、進路問題

　　進路的意義接近方法，不過，我在此談「進路」，不像今日談方法論一樣，將問題一一撐開來談，本文的旨趣也不容許我們做這一方面深入的探討，我們籠統的說，所謂的「進路」不過是指我們採取什麼樣的觀點，去理解、掌握問題。而所謂的視域，是指從這一個入手進路，所看到的範域。也

---

1 勞思光著，《思光詩選》（臺北：東大圖書公司，1992 年 2 月初版），頁 16。

就是說採取什麼 Perspective，看到什麼 Horizon，這是本文所要談的問題。

那麼勞先生的治學進路又是甚麼呢？我打算將這個問題分二點來談，第一是「世界哲學」的進路，第二是「問題取向」的進路。

首先我們討論第一個進路－世界哲學的進路。從早年一直到晚年的著作，勞先生談哲學問題有一個非常明顯的特性，就是世界哲學的進路，他無論談什麼問題基本上都是從比配的觀點入手去看，當然他未曾表示他是從比較哲學的方式來進行，但是明顯的他很喜歡將哲學問題放在整個世界哲學的配景來進行考察，因此也可以說是一種廣義的比較哲學。如早年的《自由問題論集》一開始就寫〈世界島上的文化航程〉，討論歐亞的文化精神的發展，進而企圖展示整個人類世界精神文化的發展、演變與未來的方向。到了後來寫《哲學問題源流論》一開始就把中、西、印三個文化精神方向做一個比配，中國是怎樣的、歐洲是怎樣的，印度是怎樣的，詳細內容，有文獻可徵，不必在此贅言，這些早年作品中已經明顯呈現出他是採取一比較哲學、世界哲學的路向來進行他的哲學考察。一直到了晚年寫《中國文化路向的新檢討》一書，書中以「路向的建議」為結束，其中有一段話講「中國與世界」：

> 從一文化發展的角度來反省，中國未來的，前必須在一世界的配景（perspective）底下加以衡定，始無疑義。此亦如中國哲學之發展，在未來必作為世界哲學的一部份來看。…我們所希望的是它們的優點能參與

到世界的配景裏面，發揮其作用。反省中國文化路向，
也應從此著眼。[2]

他的路向建議的第一點就很明白的表示從世界哲學的配
景下來考察的思路，這已經充份顯示勞先生到晚年還是從世
界哲學的方式來進行考察的。那麼他的世界哲學的進路，到
底淵源何在呢？我們從兩點來看，一是從歷史來看其淵源何
在，二是從其個人史來看其淵源何在。

第一，從歷史上面來看，人是一個歷史的存在，我們會
受到歷史和當時的社會所影響，當時勞先生成長的歷史背景
恰好就是清朝已經崩潰，民國已經建立，在文化界知識界流
行一個議題，就是談反省中國文化，談中國文化的未來到底
該怎麼走。到底要全盤西化呢？還是擁護國粹，恢復國故？
還是折衷派的取長補短論？從清末一直到民初都有這樣的討
論，特別是到了五四時侯這樣一個文化的論述，吸引了知識
界，更吸引了許多青年，我相信成長在後五四時期的勞先生，
就是這一個時代的產物。當時知識界名人梁漱溟先生，在他
的《東西文化精神及其哲學》一書談中國文化之時，就不純
綷只談中國，而是將中國與歐洲、印度對起來看。當時有不
少人注意文化問題，而他們談文化的時候，又好取比較文化、
比較哲學的角度，來進行反省、思考。如張君勱、馮友蘭、
錢穆、唐君毅等皆是。當然，他們具體工作差距極大。但是
這一份對文化的關心，這一個比較的進路，似乎反映了當時
不少人的治學興味，這一事實反映著中國逐步邁向世界化的

---

2 見氏著，《中國文化路向問題的新檢討》（臺北：東大圖書公司，1993
　年2月初版），頁189-190。

過程，而勞先生的上述治學取向跟這個世界化的發展是能相呼應的。

第二，從個人史上面來看，勞先生祖籍湖南，湖南在清末時侯就是得風氣之先的地區，很早就接觸到西方文化。張之洞任湖廣總督時設立了兩湖書院、自強學堂；甲午戰後又立農務、工藝學堂，這在在都創造了與西方接觸的新空氣。張之洞極口誇說留學外國的神效，謂出洋一年，勝於讀西書十年，入外國學堂一年，勝於中國學堂三年。後來，特別可以一提的是張騫等人的貢獻，這在在都開啟了湖南地區對於西方文化的了解。清末維新運動時，兩廣、湖南等地影響尤大，因爲這個地區很早就接觸西方文化，譬如維新六君子之一譚嗣同就是湖南人。

究竟勞先生個人受到地方文化多少影響，其實很難確知了。不過，需要注意的是即使是有影響，這影響也是應該是間接的。因爲勞先生生於陝西，而成長於四川、北平，不過我們可以有這樣一個地域背景的考慮。但是反過來說，青年時期的勞思光，在全國首善之都北平住了很長的一段時間，資訊發達的首都，給他很大的成長的激刺。北平對西方文化的暴露與吸收，可說是極大的，身處這樣環境的青年勞思光，因利乘便，也許較容易發展出世界的視野，從而奠下世界哲學的關懷與進路。

還有就是師承方面，勞先生似乎很少講述他的師承，這也許是勞先生所學無常帥之故。此外，我相信這也是因爲他勇猛自學，自得甚多，因此也不必常提及自己的師承。但是我們還是可以從他讀書求學過程中得到一些線索。勞先生高

中畢業後考取北大，他在北大時期接觸的師長輩到底有什麼
人呢？他接觸的師長輩當中有一位人格懷抱非常受他欽佩的
人，就是胡適之先生，胡先生一開始講中國文化很多時侯就
是從比較的視野來談的，他是一個有世界視野的學人，而不
是以鎖國方式中國文化的學究。而勞先生的老師輩中，如張
真如是留英的，專攻德國觀念論。其他像張申府、賀麟等人
都是出洋留過學的，視野遠較當時國內的學人來得廣闊。親
身教過勞先生的賀麟在他的《五十年來的中國哲學》就講到：

> 近五十年來，中國的哲學界即或沒有別的可說，但至
> 少有一點可以稱道的好現象，就是人人都表現出一種
> 熱烈的 "求知欲"，這種 "求知欲" 也就是哲學所要
> 求的 "愛智之忱"。我們打開了文化的大門，讓西洋的
> 文化思想的各方面凶汹湧進來。對於我們自己舊的文
> 化，即使不根本加以懷疑破壞的話，至少也得用新方法
> 新觀點去加以批判的反省和解釋，…
>
> 所以，欲了解我們近幾十年來的哲學思想，我們必須
> 特別注意：（一）推翻傳統權威和重建解釋哲學思想之
> 處；（二）接受並融會西方哲學思想之處；（三）應用
> 哲學思想以改革社會政治之處。[3]

這個精神已展現一種比較哲學的態度。在當時不管懂或
不懂西方哲學的人在談哲學問題時，幾乎都或都或少運用西
方哲學。即使是攻擊西方哲學思想的人，都不知不覺中受到
西方哲學思想的影響。可見中西哲學的對話，已是一種不可

---

3 見氏著，《五十年來的中國哲學》（瀋陽：遼寧教育出版社，1989 年
  3 月），頁 1-2。

避免的現象，不管你喜歡不喜歡，事實是中西哲學的交流已是不可避免的現象。青年們在這樣的一個學術環境中成長，難免受到這個思潮的影響，當時的北大青年，今日的哲壇泰斗，勞思光先生看來也不例外。以上是從勞先生個人史方面來解釋他的世界哲學進路的來源，以下轉到第二點，是問題取向的進路。

什麼是問題取向的進路，大家研究哲學的重點有很多種，有研究哲學家的，有研究哲學流派，有研究哲學問題等等。勞先生的研究有一重要特徵－問題取向，他研究某一個哲學家不是平面的一點一點羅列他的哲學思想，他一定是找一個問題，找什麼問題呢？他認為那個哲學家關心問題，他就把這個問題看成為研究這一個哲學家的基本的線索，這樣一種思考的取向的成熟的表現就是「基源問題研究法」，我們知道「基源問研究法」在他哲學史中有一個相當廣度的運用，這一上點有一個很重要說明，民國初年以來《中國哲學史》的著作本來就不多，胡適之先生的沒有寫完，馮友蘭先生是寫完了，其成就大家也都有定評，勞先生的書不但是寫完了，還有一很特別的地方就是方法意識，是前人寫中國哲學史時所沒有的，這在中國哲學的發展史上，我呼籲應記上一筆，他在《中國哲學史》第一冊序言提到寫研哲史的四種方法，一是系統研究法，二是發生研究法，三是解析研究法，四是基源問研究法，而第四個基源問題研究法是勞先生自己提出來的，對於「源問研究法」在書中序言有一個定義，他說：

> 所謂「基源問題研究法」，是以邏輯意義的理論還原為始點，而以史學考證工作為助力，以統攝個別哲學活

動於一定設準之下為歸宿。這種方法的操作程序大致
如下：

第一步，我們著手整理哲學理論的時侯，我們首先有
一個基本了解，就是一切個人或學派的思想理論，根
本上必是對某一問的答覆或解答。我們如果找到了這
個問題，我們即可掌握這一部份理論的總脈絡。反過
來說，這個理論的一切內容實際上皆以這個為根
源。理論上一步步的工作，不過是對那個問提供解答
的過程。這樣，我們就稱這個問題為基源問題。

每一個理論學說，皆有其基源問題；就全部哲學史說，
則基源問題有其演變歷程；這種演變的歷程，即決定
哲學問題在哲學史中的發展階段。[4]

我們可以很清楚看到勞先生他認為研究哲學問題首先是
要掌握一個哲學家或哲學流派所根本最關心的問題，然後再
看他的答案，他認為這樣才能掌握哲學問題的根本線索。對
於勞先生基源問題研究法的探討、分析和反省，近年來在港
台都有不同的人提出他們批判性的意見，在此不須重複。但
是我想指出這一想法不止是勞先生中年的看法，事實上，到
了近年勞先生還有類似的主張，勞先生在一九九一年發表一
篇題為〈對於如何理中國哲學之探討及建議〉的論文，這篇
文章曾經提到：

哲學理論或學說的本根在於哲學家的關懷或旨趣。有
了某種特殊關懷或旨趣，一個哲學家便選定一個原始

---

4 見氏著，《新編中國哲學史》（臺北：三民書局，1981 年 1 月初版），
　頁 15。

問題，並大致確他的題材。然後，他會取一種探索途徑，作成某些論點，作為對他的原始問題的解釋及解答。這些論點即構成他的哲學理論。這是哲學理論形成的一般次序。但當我們要去了解一個理論時，我們卻得取相反的程序步步前進。理論是擺在我們眼前的。我們要首先抽取其主要論點，再返溯到它的原始問題及題材。這種探討有時非常費力的。只有將這一切都弄明白之後，我們方能真正理解一種特殊哲學的功能。而當我們確知這個哲學本意要作什麼，以及它作成了些什麼的時候，我們的了解便差不多完成了。[5]

即使後來勞先生編輯近年的論著集 —— 《思辯錄 —— 思光近作集》[6]，在收錄這篇之時，勞先生依然沒有改變他的看法，可見問題研究的思考取向是勞先生一貫的治學進路。

以上兩點是勞先生治學的基本進路，在下一節中我要簡述勞先生哲學方面的具體看法。

參、視域問題

一、哲學的功能與中國哲學的基源問題

談勞先生的哲學，也許最方便的起點就是先看看先生本

---

5 該文原載《中央研究院中國文哲研究所集刊》，創刊號，1991 年 3 月。

6 見氏著，《思辯錄 —— 思光近作集》（臺北：東大圖書公司，1996 年 1 月初版），頁 19。

身是如何了解「哲學」。他曾將他的論旨表述為下列形式：哲學思考是對於（a,b,c,......）的反省思考。[7]這裡的變項是代表哲學的題材，在不同時代，變項可被不同賦值而形成不同的特殊哲學概念。譬如重語言的反省就形成語言哲學。然而特殊的哲學只是哲學思考在某特定範圍運行的結果，並不等同哲學自身。這樣一個開放述句定義，一面界定哲學論說的一般範圍，如語言學和語言哲學之不同，就可從反省思考之有無加以區別；另一面這界定又為哲學思考預留一開放的向度，即允許不同特殊哲學的產生，在這樣的理解下，先生對中西哲學不同傳統皆保持一開放的態度，絕不株守自限。事實上，先生常強調必須在世界哲學配景下，分析不同理論的功能與限制，亦正唯如此，先生不但對東方儒釋道等哲學傳統有專著論列，對西方自希臘以降，歷中古哲學、近代理性主義、經驗主義、德國觀念論，乃至當代存在主義、分析哲學、語言哲學等哲學思潮，皆有論述，誠可謂貫通中西，規模宏闊。

對於中西哲學傳統的定性，先生曾就哲學功能分判為認知性與引導性兩型，所謂認知性的是指其哲學功能主要擺在建立知識之上，所謂引導性的則主要在求生命或自我的轉

---

7 See Lao, Sze-kwang, " On Understanding Chinese Philosophy: an inquiry and a proposal," in Robert Allison ed., *Understanding the Chinese Mind* （Oxford: Oxford University Press, 1980）, pp.265-293. 或參考勞思光〈對於如何理解中國哲學之探討及建議〉，收入《中國文哲研究集刊》，創刊號（1991 年 3 月），頁 89-115。該文後收入氏著，《思辯錄》，頁 1-37。

化。前者主要涉及智性的領域，後者則偏重意志的領域。[8]東西哲學的歧異，就在這德智對舉的架構下安頓。 這自然是從自我之不同功能的運用立言，然若問自我轉化及自我對世界的態度，就導出先生對中國哲學不同流派的基本認定。

先生以爲儒學視文化與人生爲一不斷實現價值的歷程，實現價值活動的可能性條件爲人有自覺心，自覺心的能力表現在能自主地作價值判斷，和要求實現價值之上。文化與人生的目的，就在乎價值的充足實現，亦即所謂成德。實現價值或成德在乎落實轉化，就轉化自我言，就是成聖成賢；就轉化世界言，就是所謂人文化成；前者即「工夫」，後者即「教化」。[9]從價值自覺的覺醒到價值的充分實現，內歸一心，外達萬物，展現爲一通貫的道德秩序的建立，這一種自我是德性我，是德性我的作用使我們步步自求轉化，止於至善；這一種世界觀是積極肯定現世的世界觀，是求在世界中實現價值的一種世界觀。

自覺的主體除實現德性的活動外，尚可作其他運行，所以先生別立認知我與情意我之境域。認知我包含作純思考活動之自我，及能有經驗感受之自我；而情意我則指一純生命義之自我；簡言之，自覺心實可分駐三境：德性我、認知我與情意我。當然人亦有生理及心理等欲求，所以勞氏又別立一形軀我。將形軀我和德性我、認知我、情意我放在一起，

---

8 參考勞思光著，〈從"普遍性"與"具體性"探究儒家道德哲學之要旨〉，收入劉述先主編，《儒家倫理研討會論文集》（新加坡：東亞哲學研究所，1987 年），頁 16-28。同見氏著，《思辯錄》，頁 39-54。
9 參考勞思光著，〈哲學思想與教育〉，收入杜祖怡、劉述先編，《哲學、文化與教育》（香港：中文大學出版社，1988 年），頁 37-62。

合成四種自我境界,這四種境界是勞氏在各種自我境界當中所最重視的。就情意我與德性我之關係言,倘相排斥,就是生命與理性的衝突,倘能配合,則為生命之理性化。這裡衝突之所以可能,是因為情意我本身亦有方向性,也就是能有擺脫條件系列支配的主宰性,於是它也能夠展現一自由向度。然理性與生命衝突時則成斷離之局,其中或生命否定理性而成泛濫,或理性否定生命而為捨離。道家學說基本上就是執情意我一面,而求逍遙自由,不役於物。釋家理論則源於以為世界一切皆苦,故以離苦為基本主張,展現為捨離此世以渡彼岸之捨離精神。先生曾清楚的說,儒學的心性論,佛教的天臺、華嚴、禪宗三支真常之教,與道家莊子之說,皆重主體性,然而「儒學之主體性,以健動為本,其基本方向乃在現象界中開展主體自由,故直接落在化成意義之德性生活及文化秩序上;道家之主體性,以逍遙為本,其基本方向只是觀賞萬物而保其主體自由,故只能落在一情趣境界上及遊戲意義之思辯上;佛教之主體性,則以靜斂為本,其基本方向是捨離解脫,故其教義落在建立無量法門,隨機施設,以撤消萬有上……其所肯定在彼岸不在此岸,此即見其主體性亦與儒學所肯定者,根本不同。另一面,佛道雖皆言主體自由,……(然佛教)無不以撤消此幻妄之現象界為主,與道家只能自保逍遙,觀賞而不能撤消萬象者,又有根本不同。」[10]所以依先生之見,成德、離苦和逍遙分別為儒釋道三家之

---

10 引文見氏著,《新編中國哲學史》(臺北:三民書局,1981 年),卷2,頁 290-291。此書內容繁富,其中有關形上學及基源問題研究法等問題,最近引起學界不少討論,學者如林安梧、楊祖漢、林麗真、

基源問題，而三家又都重視主體之自由。

二、最高自由與心性論

價值主體之自由，或所謂最高自由，在勞思光先生哲學體系中佔有極重要。所謂最高自由，其中一個意義是就價值主體之獨立自主而言，所以勞氏在值根源問題上，不歸於位格神，亦不歸於形上天；換言之，價值領域不依神而立，不賴天而顯，不依傍則自由，不倚賴則自立，道德主體自律義的彰顯，莫大於此，所以對勞先生來說，整個道德體系完全落在人內在的價值意識或自覺心之上，這就是傳統儒學的心性論精義所在。[11]根據這樣一個判定，勞先生不但以爲漢儒宇宙論中心的儒學，違離儒學原旨，也以爲宋明儒學中，心性論的高峰 —— 陸王一系，才可說是上契孔孟原旨。先生曾說：「宋明儒學運動可視爲一整體，其基本方向是歸向孔孟之心性論而排斥漢儒及佛教； 其發展則有三個階段，周張、程朱、陸王恰可分別代表此三階段。」[12]這三個階段分別以天道觀、本性觀及心性論爲代表，所以可以說宋明儒學是步步走向純化，步步抖落宇宙論、形上學的雜纏，而凸顯本於自律義的心性論過程。

但是這並不代表勞先生用進化觀來看宋明儒學，勞先生

韋政通、傅佩榮、葉海煙等均有論列，須另文處理，這裡無法一一
細說。
11 勞先生說：「…心性論所講求的是實踐中道德人格的完成……它所
涉及的最後真相是這個自覺的自我的真相。」參見氏著，《哲學淺
說》（香港：友聯出版社，1958 年初版，1962 年 2 版），頁 74。
12 勞思光著，《新編中國哲學史》，卷 3 上，頁 20。

更沒有持黑格爾式目的論歷史觀，因爲他並沒有把心性論在
陸王手上的再現視爲一歷史發展的必然歷程。勞先生的想法
是這樣的：他確定心性論爲孔孟原旨，而宋明儒學既以恢復
孔孟原旨爲依歸，那麼就可以心性論爲一判準，衡量宋明諸
儒是否能夠恢復原義，依勞先生研究所得，周、張的宇宙論、
天道觀距離心性論較遠，而二程本性論則較貼近心性論。基
於這樣的觀察，從周、張經程、朱到陽明，就是一個愈來愈
貼近心性論的「發展」過程，這不是預認一進化論或目的論，
只是依一理論判準而得出的實際結果。如果換了天道觀作判
準，當然也可以把宋明儒學視爲一步步違離天道觀的「退化」
歷程。事實上，清代儒學在勞氏之判準下，即全無較宋明儒
學進步之處，由此亦可見勞氏並非持「進化論」觀點。所以
這是一理論判準的認定及應用的問題，而並非什麼進化論、
目的論的問題。

　　那麼何以認定心性論爲判準呢？這基本上是一個哲學史
問題：歷史上孔孟原旨是否爲心性論？對於這個問題勞先生
認爲答案是肯定的。[13]但勞先生並不限於歷史的考察，他更
進一步認定在理論上心性論確優於天道觀、本性論。這並非
因爲勞先生特別的個人喜好，事實上，他亦曾對心性論表示
不滿，[14]這背後的樞紐，其實是構築道德哲學體系方式的問
題，也就是說構築道德體系儘管可有不同方式，然問題的關
鍵在於：爲何道德體系立基於人的價值自覺（如心性論），是

---

13 有關勞先生這方面的論點，請參勞思光著，《新編中國哲學史》，卷
　　1，頁 102-203。

14 勞思光著，《新編中國哲學史》，卷 3 上，頁 75；頁 492-493。

優於立基於形上學與宇宙論。而依勞氏晚期說法，則是道德語言的獨立性問題。我們先從構築道德體系不同的方式談起。

先生曾依康德之判別，呼籲「應注意思辯形上學與道德形上學之分」，而且早已指出「中國儒學到了宋代，那些有形上學旨趣的思想也大半偏於道德形上學一面。」[15]可見他並非不了解宋明儒學有道德形上學的面向，問題的關鍵倒在於對道德形上學的定性，先生的認知異於流行的見解。這個問題可分別就理論系統及理論功效兩方面討論，首先讓我們看看理論系統這一層次，依先生之見，就系統之完足言，儒門心性論所展示的道德系統，本已完足，無待於天或神的概念；勞氏云：我們確知孔子至孟子一系的先秦儒學，確以道德主體性為中心，並不以形上天為最高觀念；而且孔孟學說中，就理論結構看，亦完全無此需要。[16]

勞先生的意思是，本道德形上學所肯認的天，雖然可從心性逆覺而得，但它並非心性論系統賴以成立之必要條件；換言之，依先生之見，整個道德系統的基礎，是完全落在自覺心之上的。自然，從心性逆覺超越之天是可能的，但卻並非必須的。也就是說，心性論可以逆而透顯超越的向度，但是超越的向度並不是心性論所以成立的保證。

更重要的是這個意義下的天的存有地位，與流行看法迥異，它不是實體意的，而是虛設的。先生這種思路無疑是受康德哲學的啟發。

勞先生對康德的研究，著重在《純粹理性的批判》，他認

---

15 勞思光著，《新編中國哲學史》，卷1，頁402。
16 勞思光著，《新編中國哲學史》，卷1，頁81。

爲貫徹第一批判全書是「一廣義的本體問題」[17]，他清楚表示「康德知識論將本體歸於理性，本體遂不復是一客觀存有，神、自我等皆僅爲理性之觀念，不指示一實的存有；它們作爲理性的統攝觀念，只有一觀念中虛立的對象；它們繫歸於實踐理性下而成爲設準時，亦不指示存有；故皆是在主體活動下安立，這是康德哲學之最大特色。」[18]從這裏可以看出勞先生以爲康德的本體只是觀念中虛設的對象，並非實有，這種理解是符合《純粹理性的批判》基本意旨的。[19]而基於這種看法，我們可以理解勞先生的心性論，固然可以透顯超越向度，但這超越向度並非一個實體；所以取實體義之形上天，就不爲先生所取了。否則就很可能是康德所指摘的把爲了滿足我們理性之用的必要的假設，當成一個信條了。我們在這裏需注意在第一批判中，康德對傳統形上學提出許多質疑，而勞先生的心性論是禁得起這種種挑戰的，亦更貼近康德第一批判的基本義旨。當然康德哲學能否鬆動而開展出另一道路或另講一套談實體義天道的道德底形上學，這些問題尚可進一步討論，[20]但這就不是本文要處理的範圍了。

----

17 勞思光著，《康德知識論要義》（香港：友聯出版社，1957年），頁4-8。

18 勞思光著，《康德知識論要義》，頁208。

19 在這裡筆者參考 Miller, Oscar W., *The Kantian Thing-in-itself or The Creative Mind* （N.Y. : Philosophical Library, 1956） esp., p.116.

20 在這方面牟宗三先生做了許多極有價值的研究，但是需要注意的是牟先生所談的道德底形上學與我們在這裏所說的道德形上學絕不相同，有關牟先生的論旨最簡明的，可參考氏著，〈儒家的道德底形上學〉，收入周博裕主編，《寂寞的新儒家》（臺北：鵝湖出版社，1992年），頁1-13。而簡明的介紹，請參考李明輝著，〈牟宗三思想中的儒家與康德〉，見《鵝湖學誌》，第10期（1993年6月），

　　而從道德語言的獨立性來看，心性論下的道德體系也強於立基於形上學的道德體系，因為心性論基本上就是一套道德哲學，道德哲學的建構當然訴諸道德語言，倘若認為本於道德底形上學的道德體系，在理論功效方面必然優於純心性論，那麼就必須交代是否僅僅道德語言自身，並不足以充份的建立心性論系統，而必須用形上學語言補足之。如果是這樣的話，更必須交代何以這一套形上學語言的理論效力，足以說明並建立道德理論。其實依勞先生之見，心性論的建立確實可以僅僅使用道德語言，而無待於形上語言的；何況道德語言與形上語言本來就是各有其語意規則，亦各有其功能範圍，混用兩套語言恐怕必須面對越範的困難。

　　不過勞先生固然受康德哲學啟發不少，但絕未為康德哲學所框限，[21]這問題牽涉甚多，但與本文最相關的，莫過於心性論的實踐性格。如果我們同意康德哲學缺乏一套工夫論，[22]則勞先生的心性論實已超越康德這個限制，勞先生曾說：「心性論和西方的道德哲學相似而不相同，雖然二者都是關涉道德問題的，但是心性論所講求的是實踐中道德人格的

頁 57-90；特別是頁 77-84。

21 事實上，勞先生也自覺到他自己與康德哲學的差異，他曾說：「我不認為心性論必歸於道德形上學。在這一點上，我不僅與強調形上學的中西哲學家大有不同，甚至與康德的觀點也不全同。」有關當代儒學研究者與康德哲學的關係所涉問題甚為煩雜，筆者擬另撰文討論。引文見勞思光著，《新編中國哲學史》，卷 1，頁 403；後序註。

22 筆者在這裡是參考吳汝鈞著，〈康德的宗教哲學〉的論點，收入氏著，《西方哲學析論》（臺北：文津出版社，1992 年），頁 49-77。特別是頁 60-61。

完成，所以它不像西方道德哲學那樣只講一套概念結構。」[23]
其實所謂「性」是就本質言，而所謂「心」則就其能動性或
自覺性言，道德心自我要求實踐，它有自動性（spontaneity）
所以心性論不能沒有實踐論的一面，究其實，這是肇因於心
性論本身是涉及轉化生命的一種學問，而這亦是中西哲學精
神之異趣。[24]當然，這裏所謂實踐，並不是指可以把理論應
用到經驗生活的層面而言，而主要是指外在行爲之軌約與內
心意志之磨鍊，簡言之，即自我的轉化，這有點類似西方宗
教倫理及生活倫理，而用中國傳統語言來說，就是所謂的「工
夫」[25]。所以心性論與工夫論相即而不相離也。

　　既然如此，談心性論必然關聯到工夫實踐這問題，所以
心性論必然注意在工夫實踐方面的效力問題了。因此，我們
可以問在儒門心性論上再加上一形上架構，在實踐上是否比
純粹心性論更爲有效呢？換言之，虛懸一道體，或一形上境
界，到底在實際的成德工夫上有何助益呢？當然人類理性是
有追求普遍的性格，所以建立形上學，可說是理性上的一種
滿足，而懸立一道德境界，當然有一種智性的或觀賞的趣味，
問題是如果耽於這種觀賞樂趣，以至只在理論上奢言實踐，
口頭上清談工夫，而缺乏真正具體的道德實踐，這就真正是

---

23 勞思光著，《哲學淺說》，頁 73-75。

24 近年勞思光先生特別提出「引導性」哲學的觀念說明中國哲學的特
　色，見氏著，〈對於如何理解中國哲學之探討及建議〉，收入《中國
　文哲研究集刊》，創刊號（1991 年 3 月），頁 89-115。

25 馮耀明著，〈中國哲學可以用分析哲學的方法來處理嗎？〉，收入氏
　著，《中國哲學的方論問題》（臺北：允晨文化實業司，1989 年），
　頁 312-313。

把玩光景了。所以勞先生不偏重道德形上學，反而更重視心性工夫論。當然心性工夫論仍然只是理論，並不足以取代具體實踐行為，但是這一方面的研究實在是具體實踐的理論準備，而且儘可以直接影響工夫修持。

勞先生的心性論關乎意志之轉化，所以有濃厚的實踐性格，而意志之轉化及貫徹，就是工夫之重點所在。所以在工夫論方面，勞先生特別就意志方面提出德性之自由與德性之不息這一對觀念。就人在德性上有最高自由說，德性之成就是永無限制的，此即人在德性上之浮沈升降全憑自主，然既為自主，則人在德性成就上亦無保障，這就表示人須念念不息，常在工夫上不斷磨鍊。於這個觀點，先生曾清楚地歸結說：「無限制表示凡皆可成聖，無保障則表示聖隨時可下墮為凡。」[26]事實上先生整個道德哲學系統，亦正是建基於價值主體或自覺主體之上的。這樣的價值主體，一面以最高自由為設準，一面則展現在能作價值判斷之能力和實現價值之意志上，所以工夫就落在呈現及擴充是非之心，和貫徹判斷之實踐意志之上。此一哲學觀念實化於文化生活中，即成為「重德文化精神」；先生以此與西方，特別是啓蒙以來的西方相對，提出東西文化精神的差異，就在乎一重德，另一重智。

---

26 引文見勞思光著，《新編中國哲學史》，卷 2，頁 291。另參考氏著，〈王門功夫問題之爭議及儒學精神之特色〉，收入《新亞學術年刊》第三期（1982 年），頁 1-20。此文同見於氏著，《思辯錄》，頁 55-97。

肆、反　省

　　當然我們所看到的視域，本身是受到視點所影響的，所以在反省的時候，不妨直接先從勞先生的方法、進路方面去反省。

　　「基源問題研究法」有化約論的特色，很多人都已經反省過了，在此不贅言。我要指出的是即使我們承認每一個哲學家、每一個哲學理論可以化約出一個基源的問題，我們還需要去問：在何種意義，或在何種條件之下，才能透過理論的還原成爲一個基源的問題？是不是每一個哲學家只有一個基源問題呢？如果同時不同人進行反省之時，會不會得出不同的基源問題呢？這個就涉及到近年來詮釋學給予我們的洞見。勞先生的看法基本上好像認爲有一個客觀的基源問題存在，每一個人都可以通過一定的程序，如歷史文獻的檢查，以及細心的分析，就可以揭露出確定不移的基源問題，所以他說這是理論的還原工作。還原是恢復本來面貌的意思，亦即預認一原已存在之基源問題，今天大家的工作只有找出那個問題而已。但問題是即使有這麼一個基源問題存在，我們也不一定能找出它。何況不同的詮釋者對於相同的文獻進行研究，即使都通過細密的分析，卻很可能得出不同基源問題，也就是說我們在詮釋歷程中會得出相互競爭的不同的基源問題，決擇的標準何在呢？光是從歷史文獻中檢查顯然是不足的，詳細的分析又牽涉到詮釋者個人成長的背景或歷史性的

影響，因爲我們的歷史、我們的視野、我們的解釋、我們的
關心，在在都會伴隨著詮釋者讀進到史料裏面。此外，研究
者的學力，也會有很大影響。總的來說，首先並不一定有一
個確定不移的基源問題；再次，即使有，我們也不一定能找
到，勞先生提出的基源問題，與其說是歷史真相的還原，不
如說是在勞先生與他所處理的史料之間的互動產物。我們與
其說是還原，不如說是建構。我們既可容許不同建構，則勞
先生的文化精神、基源問題，不過是各種可能建構之一。

　　更令人關心的問題是勞先生認爲：每一家理論學說皆有
其基源問題，就全部哲學史來講，基源問題有其演變歷程，
這種演變歷程就決定哲學問題在哲學史中發展的階段。從這
些意見，我們可以看出他不僅認爲每個哲學家擁有一個基源
問題，而且整本哲學史都彷彿是在解決一個同一個基源問
題，都朝同一個目標努力。因此是否能解決那個問題，或者
是對那問題的解決程度，就可以成爲衡定那些哲學理論價值
上面的高低的標準。譬如說勞先生認爲中國儒學是一個心性
之學，也就是成德之學，而對這一個問題的解決能力，顯示
了各家理論的高低。因之，不同時代的儒家對於這個問題回
應能力，就成爲勞先生衡定不同時代儒學理論的價值標準。

　　我認爲如果只分析一個學派，也許較容易說某一學派具
備一個基本的傾向，因爲既屬同一學派，也許其組成份子會
較可能關心某些問題，甚至可能對這些問題擁有相似或相同
的答案。可是一部哲學史有那麼多不同的學派，可不可以說
它們都有一個共同的趨向呢？假定不同的哲學家，不同的哲
學流派共同追尋、解決同一個問題，是否太過大膽？而且似

乎也沒有充分的理由說服我們相信這一個假定。但是，值得
注意的是，在勞先生這樣的一個考慮之下，他認為有一個哲
學精神或者說是廣義的文化精神存在著文化系統裏面，這種
想法呈現在《中國文化要義》一書裏，他說：

> 我們談文化精神時，即是要探究一組組文化活動背後
> 的價值意義是什麼；唯有當我們了解某一文化精神的
> 時候，我們方能確切說明這一文化精神如何會生出如
> 此如此的文化現象。[27]

所以，不同的文化現象就會被解讀成這樣的一個文化精
神的不同表現，因此面對這種種不同的文化精神的表現，吾
人便可以透過理論的還原過程找到整個文化背後的精神，這
已經涉及兩個假定，第一，不同的文化問題被假定為同一個
文化精神的表現，第二，他又假定這同一文化精神是可以透
過理論還原問題來掌握的。這兩個假定都不免可疑。可是我
們明白這理論還原工作並不保證找到一個大家都共同接受的
基源問題，或基本精神。但無論如何勞先生認為可以還原出
找到這樣的一個精神，那麼依勞先生之見，東西文化精神又
是樣的呢？我們現在轉到反省，勞先生對這問題所提的答案。

他從少年時候起即認為西方文化重智，東方文化重德，
在德／智對揚的架構之下，來安頓了他對東西文化的了解，
這是從本質上來界定東西文化的精神，後來勞先生反省到本
質界定法可能有問題，近年來他從功能來界定。他認為東方

---

27 勞思光著，《中國文化要義》（香港：中國人文研究學會，1987 年
　10月），頁6。同見氏著，梁美儀編，《中國文化要義新編》（香港：
　中文大學出版社，1998 年），頁6。

文化希望哲學發揮的功能在德性的轉化，是一個成德的過程，是一種轉化的哲學，就轉化自己來說是成聖成賢之學，就轉化世界來說是人文化成之學；而西方文化是重智性的，重認知活動，重理論的建構等等。這一種談法不是從本質來界定東西方文化，而希望從功能來看待這個問題。理論本質與理論功能自然很不相同，但是無論如何中西哲學的差異，是以智性與德性，或智性與意志這兩大領域去掌握的，則前後並無二致。可見重德活動與重智活動這樣一個基本分判架構並未鬆懈。

這顯然是一種高度的化約，我們對勞先生這一論點的反省可以歸納為歷史的與理論的兩點。從理論上看，勞先生將東西文化精神的差異化約成德/智的對立，以為這是兩大文化所面對的不同問題，這是很危險的。我們在理論上可以承認針對同一組文化事象，人們可以建構很不相同的解釋，是則勞先生所掌握的問題客觀上並無必然對確性。

事實上，勞先生從哲學史上反省，認為西方文化從希臘哲學一開始就是愛智之學，所以是認知形態的，因此整部希臘哲學史就是一個強化智性的過程。勞先生認為希臘哲學發展史有一個明顯的特徵，就是擺脫原來信仰和習慣，慢慢朝向理性探索與理論建構的過程。中古時期的哲學當然也有信仰和理性的衝突、調和等問題，因此才有所謂「哲學為神學的婢女」的談法，但是勞先生又將整個中古哲學史看成是步步穿透信仰而步向理性化的過程，因此中古哲學的高峰時期就是在十三世紀的多馬斯系統，即所謂的重智的系統的出現。簡單的說，他認為古代哲學就是理性慢慢穿透原始的信

仰而變成智性的表達，中古哲學又被看成爲是古代希臘的理性步步穿透從東方基督教信仰的迷障的過程，而文藝復興在他看起來就是理性精神的發揚和重振，從此西方文化掙脫東方宗教而走上自己的路途。[28]勞先生對西洋哲學的理解，具體而微地體現於下面這一段話中：

> 到此；我們可以總結的答覆前面三個問題，決定西方文化的特質。
>
> 第一，西方文化最早的體系是希臘文化體系。
>
> 第二，外在的重智的希臘文化體系經過「希臘化羅馬時代」的擴張,終在內在的和外在的因素的決定下，被東方希伯來文化控制，這樣有了中古的消沈。
>
> 第三，希臘文化的精神並未屈服，一直與乘虛而入的希伯來文化搏鬥；終於有了文藝復興的奏凱，徹底走向自己的方向。
>
> 這樣，西方文化的特質，只是希臘精神。希伯來精神僅是一個東方來的文化侵略者，它曾有短暫的勝利，但並未徹底改變了西方文化。近世紀西方文化更是走向自己的方向，不與他相干。西方文化只有希臘精神一個特質。在此，我們要警覺歷來把希伯來精神當作西方文化要素的說法是錯的，雖然這種說法很普遍。[29]

---

28 參考氏著,《哲學問題源流論》(香港：中文大學，即將出版新編本)。另外勞先生在民國八十六年於臺灣私立華梵大學哲學系講授西洋哲學史，筆者親炙於講堂，從其講授內容看來，他對這方面的理解迄今並無重大變更。

29 見氏著,《儒學精神與世界文化路向－思光少作集（一）》(台北：時報文化公司，1986年)，頁48。

　　問題是在他這樣的論述下，凡是非理性的東西如信仰、宗教、習慣、風俗等，都被排拒，至少都沒有被重視的，其中最明顯的問題是這些文章幾乎完全不能正面正視宗教，特別是基督宗教在西方哲學、文化等方面的地位。因此他講古代哲學的時候，並沒有充分重視宗教對古代希臘哲學的影響；到了講中古神學之時，當然不可能再否定宗教的成素，可是他強調的重點卻是西方的理性逐漸壓倒東土的信仰精神，因爲在他看來東方的精神是宗教，而西方則是理性的。這一種判斷使得他幾乎完全不重視密契主義哲學家，勞先生甚至認爲西方理性精神逐漸壓倒了東方的宗教精神，就是中古哲學的高峰時期的表現。事實上，我們在中古高峰時期，就看到西方神秘主義的一個高峰，在強調理智進路的聖多瑪斯（c.1225-1274）的同時，就先後有 St. Francis of Assisi（1182-1226）及 Meister Eckhart of Hochheim（c.1260-c.1329）先後輝映。[30]我們談這些例子並非要替基督宗教護教，但是歷史上宗教對哲學的發展的確有貢獻，何況中古晚期，又豈是一句理性壓倒信仰所可盡表！

　　至於將基督宗教排除在西方文化之外，又似乎並無穩定的理據可言。至少不少人是不能同意勞先生的判斷的。著名的西方文化哲學史家 Richard Tarnas 就曾指出，西方人認爲基督宗教已經支配了西方文化歷史大部份時期，並且是西方

---

30 參考 Josef Pieper, *Scholasticism*（N.Y. & Toronto: McGraw-Hill Book, 1964）及 Meister Eckhart, *Breakthrough: Meister Eckhart's Creation Spirituality*,（N.Y.: Image Book, 1991）. Introduction and commentaries by Matthew Fox.

文化的精神動力，影響了西方在哲學和科學的發展。[31]僅僅因爲基督宗教產生於東方，而莫視它歐洲文明巨大貢獻是否妥當？將基督宗教精神排拒於西方文化之外是否持平？依此推理，中國文化是否就不包含佛教精神呢？

以上，我是從西方進行反省，現在我們轉而看儒學的情況，勞先生對儒學特性的反省涉及以下幾點：

一、勞先生認爲哲學特在反省性。

二、隨著反省對象之不同，就形成不同哲學。如反省藝術即成藝術哲學，反省歷史即成歷史哲學。

三、從功能言，東西兩方要求哲學發揮不同功能；西方是認知性的，而東方是引導性的。

勞先生說：

> 當我們說某一哲學是引導的，我們的意思是說這個哲學要在自我世界方面造成某些變化。[32]

我們的問題是假定儒學是一種哲學，那麼在何種意義下，儒學才能滿足勞先生的哲學定義呢？首先，如果說儒學

---

31 他在《西方心靈的激情》一書說：「我們接下來的任務是要理解基督教的信仰體系。對於我們文化與理智歷史的任何扼要重述都必須小心地對待這一任務。因爲基督教已經支配了西方文化歷史的大部份時期。它不僅在兩千年裡向西方文化提供了主要的精神動力，而且影響了西方哲學與科學的發展。即使經過文藝復興與啓蒙運動，這種影響也一直持續著。今天，基督教世界觀仍然以一種不十分明顯卻十分重要的方式影響著（實際上滲透著）西方精神，即使這種文化精神在素質上是明顯世俗的。」Richard Tarnas, *The Passion of the Western Mind* （N.Y.: Ballantine Books, 1991），p. 91，中文引文錄自王又如譯，《西方心靈的激情》（臺北：正中書局，1995 年 7 月初版），頁 112。

32 勞思光著，《思辯錄》，頁 18-19。

特性是謀求在工夫實踐中轉化自我、轉化世界，則似乎這並不是東方哲人所可專美的。因為太多思想傳統期許哲學發揮轉化的功能。譬如西塞羅就曾說：「哲學是人生的導師，至善的良友，罪惡的勁敵。」他認為哲學該產生轉化遷善的功能。而馬克思也希望他的哲學可以轉化世界。其次，如果勞先生不是，或不只是這個意思，而是說儒學有一套有關實踐理論──工夫論，而這使得它可以落實轉化的具體要求，這一點我想問題不大。可是，在這個意義下讓儒學成為哲學大家庭中的一員，則意義還是在於儒家曾反省工夫實踐而產生一套理論知識，亦即工夫論。這樣一來，儒學之所以夠得上哲學之名，不外乎還是因為其具備反省性、認知性這一面。而其與西方哲學之不同，不過是儒學反省的對象，異於西方哲學，而這個特殊的對象就是德性工夫。如果是這樣，東西方哲學應該只有一型，即認知型而已，沒有必要再分出引導性哲學這一支。因為依照我們的分析，儒學之是否能夠滿足勞先生眼中的哲學要求，不在於它重視工夫踐履，而在於它有一套談論工夫的理論，正是這一套理論使它成為哲學，而不是因為儒者具備具體的工夫實踐。

　　而且順勞先生兩型哲學的分類來看，儒學屬於哲學學門，但是它與認知性的哲學不同，它是轉化哲學。倘若是這樣，那麼同樣希望能轉化人，同樣處理意志轉化問題的基督宗教神操或靈修，到底又有甚麼理由不歸為轉化哲學呢？

　　一九八七年勞先生在〈從普遍性與具體性探究儒家道德哲學之要旨〉一文中說：

　　　專就道德問題來看，道德哲學在西方的主流，大抵以

建立道德理論為主。今天，我們如果順著西方學院風
尚來講道德哲學，則可以說幾乎全部研究工作都屬於
對道德的知識。至於東方情況就大不相同。尤其就中
國儒學而論，講到「成德之學」，意志的鍛煉與純化正
是這種「學」的主要部份。[33]

根據勞先生這段話，我們可以表列東西文化之別如下：

	西方	中國
理論、知識　　〔智性〕	哲學	
意志轉化或純化〔意志〕	宗教	儒學

就此看來，似乎儒家並不應歸於哲學之列，至少它與西
方宗教同樣處理意志問題，而與西方哲學之梳理智性問題全
然不同。簡單的說，即便儒學並非宗教，我們也可以說儒學
近宗教而遠哲學。這個判斷與勞先生說儒學是引導性哲學的
立場是否悖離？其實，人們在不同觀點下，常常會得到非常
不同的視域，即使同一個人，面對同一組事象，也不例外。
我覺得勞先生心目中有兩個觀點，第一）他要在世界哲學的
配景下，構築他的中國哲學的論述，因此，他會很自然的將
儒學納入哲學的系譜中。我這樣說並未在我個人對儒學定性
的問題表示意見，而只是表達個人對勞先生這一意見的理
解。第二）勞先生卻又自覺到中國哲學與西方哲學展現出極
為不同的特色，至少它們的目標就很不同，一要建立知識，
一要成就德性。在這樣的理解下，若要說儒學是哲學，則必

---

33 勞思光著，《思辯錄》，頁43。

須肯定不以建立知識爲目的的儒學也是一種哲學。而儒學之所以能算是儒學，自然不可就此帶過，勞先生必須交代他的歸類標準，所以他提出哲學的特性在於反省性；而儒家在成德的目標下，自然對轉化自我與轉化世界的問題有所反省，而這一點就使儒學滿足了哲學的要求。

我們對勞先生文化哲學史方面的具體意見，已經分別借基督教與儒學進行初步的反省。讓我在進入結語之前，先行指出勞先生的哲學特質。我認爲勞先生哲學思想的有一個基本特質－－理性精神。在這個精神下，他將整部西洋哲學史看成是理性衝破習慣、風俗、宗教信仰等枷鎖的過程。而中國哲學是在以理性爲表徵的人文精神下被重新詮釋，周公的偉大，在於能自覺的（即理性的）建立文化秩序。孔孟的壯嚴更在於能掌握人的自覺性、主宰性，亦即離脫成敗、利害，排拒鬼神宿命，而理性地掌握人生。因爲高揚理性自覺，所以漢代陰陽五行論自然就是儒學的「沒落」，同理在宋明儒學的三大型態說中，強調理性自覺的心性論，自然就是比天道觀、本性論來得進步，而作爲心性論代表的陽明學自然是理學的高峰了。

伍、結　語

在上文中，我提出勞先生的哲學特徵是理性精神，而他所採取世界哲學、問題導向的進路，構成了他對中西哲學史的一整套看法。西洋哲學史彷彿就是理性發展史，而在中國

哲學史中，他強調的是理性的人文精神發展；這透露出一種近似精神發展史的味道，我們是否同意勞先生的判斷，是一個問題，但是，這在在透露出思光先生理性精神。

事實上，理性精神不只是他論學的奎主，更可說是思光先生為學做人的最高指導理念。正是這種理性的反省精神使思光先生不屈從政治權威，擎起民主自由的大旗，正是理性精神使他不輕附流俗之見，時有批判的反省。更重要是，正是這種理性精神使他的哲學思考不曾稍息，他不斷反省別人的看法，也不斷反省自己的看法，絕不固步自封。所以在哲壇上，他是開放的反省的智者，在社會上，他是永遠批判的清流。當然理性精神在今天亦正面臨現代的嚴峻挑戰，不過我想這種開放的學人胸懷，剛健的清流風骨，正是今天學界，尤其是臺灣學界所最應珍視的。而這一點，不只令人敬佩，而且更是使哲學的進路與視域得以不斷開展、不斷超越的契機，我想這是勞先生的哲學精神最重要的一點。

（本文原於一九九七年十一月十三至十五日發表於中國人文學會主辦的「哲學、中國與世界文化－勞思光先生的學問與思想國際學術研討會」）

參考書目

前言

吳有能著，《百家出入心無礙──勞思光教授》（臺北：文史哲出版社。1999 年）

李澤厚著，〈走我自己的路〉，收入傅偉勳著，《文化中國與中國文化──哲學與宗教三集》（臺北：東大圖書公司，1988 年 4 月），頁 223-227。

邢賁思主編，《中國哲學五十年》（瀋陽：遼海出版社，1999 年 12 月）。

許金興、陳戰難、宋一秀著，《中國現代哲學史》（北京大學出版社，1992 年 5 月）。

郭建寧主編，《當代中國哲學綱要》（北京：北京大學出版社，1996 年 6 月）

傅偉勳著，《文化中國與中國文化──哲學與宗教三集》（臺北：東大圖書公司，1988 年 4 月）。

_____，《死亡的尊嚴與生命的尊嚴》（臺北：正中書局，1993 年）。

黃克劍、周勤著，《寂寞中的復興──論當代新儒家》（江西：江西人民出版社，1993 年 4 月）。

趙德志著，《現代新儒家與西方哲學》（瀋陽：遼寧大學出版

社，1994 年 2 月）。

蔡瑞霖著，《宗教哲學與生死學 ── 一種對比哲學觀點的嘗
　　試》（嘉義：南華管理學院，1999 年 4 月）。

第一章　對比研究的方法論反省

（一）中文方面

方萬全著，〈翻譯、詮釋與不可共量性〉，該文收入香港中文
　　大學哲學系編輯委員會主編，《分析哲學與科學哲學論文
　　集》（香港：香港中文大學新亞書院出版，1989 年），頁
　　73-91。

石元康著，〈傳統、理性與相對主義〉，收入氏著，《從中國文
　　化到現代性：典範轉移？》（臺北：東大圖書公司，1998
　　年）

亨亭頓著，黃裕美譯，《文明衝突與世界秩序的重建》（臺北：
　　聯經出版事業公司，1998 年 1 月）。

吳光明著，《歷史與思考》（臺北：聯經出版事業公司，1991
　　年）。

吳有能著，《百家出入心無礙 ── 勞思光教授》（臺北：文史
　　哲出版社，1999 年），頁 31-33。

沈清松著，〈結構主義之解析與評價〉，收入氏著，《現代哲學
　　論衡》（臺北：黎明文化事業公司，1985 年）。

＿＿＿＿＿，《現代哲學論衡》（臺北：黎明文化事業公司，1985
　　年 8 月）

＿＿＿＿＿，〈海峽兩岸西洋哲學的傳承與發展〉，收入林安梧

主編，《海峽兩岸中國文化之未來展望》（臺北：明文書局，1992 年 11 月初版）。

＿＿＿主編，《詮釋與創造：傳統中華文化及其未來發展》（臺北：聯合報文化基金會，1995 年 1 月）。

林正弘著，〈卡爾波柏與當代科學哲學的蛻變〉，收入氏著，《伽利略・波柏・科學說明》（臺北：東大圖書公司，1988 年）

保羅・利科爾著，陶遠華、袁耀東、馮俊、郝祥等譯，《解釋學與人文科學》（*Hermenutics and the Human Sciences*）（河北：河北人民出版社，1987 年）

俞可平編，《全球化論叢》七冊（北京：中央編譯出版社，1998-1999 年）。

唐君毅著，《病裡乾坤》（臺北：鵝湖出版社，1980 年初版，1984 年初版 2 刷）。

徐通鏘著，《語言論 —— 語義型語言的結構原理和研究方法》（吉林長春：華東師範大學出版社，1997 年 10 月）

索緒爾（F. de Saussure）著，高名凱譯，《普通語言學教程》（*Cours de linguistique generale*）（北京：商務印書館，1980 年 11 月初版，1996 年 4 月初版 4 刷）

笛卡兒著，錢志純、黎惟東譯，《方法導論・沈思錄》（臺北：志文出版社，1984 年）

陳榮灼著，《現代與後現代之間》（臺北：時報文化公司，1992 年）。

喬納森・卡勒（Jonathan Culler）著，張景智譯，《索緒爾》（臺北：桂冠圖書公司，1993 年）

黃宣範著，《語言哲學 ── 意義與指涉理論的研究》（臺北：
　　文鶴出版有限公司，1983 年）。

黃偉雄著，《觀察語句、翻譯與不可共量性》（國立臺灣大學
　　哲學研究所碩士論文，1994 年 6 月）。

蔡瑞霖著，〈對比與差異〉，收入氏著《宗教哲學與生死學》
　　（嘉義：南華管理學院，1999 年），頁 15-51。

（二）外文方面

Barbour, Ian G., *Myths, Models, and Paradigms: A Comparative Study in Science and Religion*（San Francisco: Harper & Row, 1976）.

Descartes, Rene, *The Philosophical Works of Descartes*. Trans. Elizabeth S. Haldane & G.R.T. Ross.（N.Y.: Dover Publication, 1955）.

Elman, Benjamin A, *Classicism, Politics, and Kinship: The Ch`ang-chou School of New Text Confucianism in Late Imperial China*（Berkeley: University of California Press, 1990）.

──────────────, *From Philosophy to Philology: Intellectual and Social Aspects of Change in Late Imperial China*（Cambridge, Mass.: Council on East Asian Studies, Harvard University, 1984）.

Gadamer, Hans-Georg, "Man and Language" in Hans-Georg Gadamer, *Philosophical Hermeneutics*. Trans. and ed. David Linge.（Berkeley: University of California Press,

1977）.

_____, *Truth and Method*（New York: Seabur Press, 1975）. 中譯有洪漢鼎，夏鎮平譯，《真理與方法》（臺北：時報文化公司，1995 年）

Gutting, Gary ed., "II. Alasdair MacIntyre: A Modern *Malgre Lui*" in his *Pragmatic Liberalisn and the Critique of Modernity*（Cambridge: Cambridge University Press, 1999）, pp. 69-112.

_____, *Paradigms and Revolutions: Appraisals and Applications of Thomas Kuhn's Philosophy of Science*（Indianna: University of Notre Dame Press, 1980）.

Hammond, Michael; Howarth, Jane & Keat, Russell, *Understanding Phenomenology*（Oxford & Cambridge: Blackwell, 1991）.

Hans-Peter, Martin, *The Global Trap*（New York: Zed Books, 1997）.

Harrison, Bernard, *An Introduction to the Philosophy of Language*（N.Y.: The MacMillan Press, 1979）.

Heidegger, Martin, *Being and Time*. Trans. John Macquarrie & Edward Robinson.（N.Y.: Harper & Row, 1962; 臺北：雙葉書店翻印，1985 年）.

Husserl, Edmund, *Cartesian Meditations: An Introduction to Phenomenology*. Trans. Dorion Cairns.（Hague: Martinus Nijhoff, 1973）.

_____, *The Crisis of European Sciences and*

Transcendental Philosophy: An Introduction to Phenomenological Philosophy. Trans. David Carr. （Evanston: Northwestern University Press, 1970）.

Kuhn, Thomas, "Postscript-1969", in his *The Structure of Scientific Revolution*, （Chicago: University of Chicago Press, 1969）, 2nd edition.

_____, "Reflections on my Critics", in I. Lakatos & Alan Musgrave ed., *Criticism and the Growth of Knowledge* （Cambridge: Cambridge University Press, 1970）.

_____, "Second Thoughts on Paradigms" in his *The Essential Tension*（Chicago: University of Chicago Press, 1977）, pp. 293-319.

_____, "Theory Change and Structure Change," in Robert E. Butts and Jaakko Hintikka ed., *Historical and Philosophical Dimensions of Logic, Methodology, and Philosophy of Science*, （Dordrecht; Boston: D. Reidel, 1977）, pp. 300-301.

_____, "Commensurability, Comparability, Communicabilty," in Peter D. Asquith & Thomas Nickles ed., *Proceedings of the 1982 Biennial Meeting of the Philosophy of Science Association* （East Lansing: Philosophy of Science Association, 1983）, pp. 669-688.

Luntley, Michael, *Contemporary Philosophy of Thought: Truth, World, Content*（Oxford: Blackwell Publishers Ltd., 1999）.

MacIntyre, Alasdair , *Whose Justice? Which Rationality?* (Notre Dame, Indiana: University of Notre Dame Press, 1988).

MacIntyre, Alasdair, *After Virtue* (London: Duckworth Press, 1981).

Naess, Arne, "The Shallow and the Deep" *Inquiry*, (16/1973), pp. 95-100.

_____, " The Deep Ecological Movement: Some Philosophical Aspects" in Susan J. Armstrong & Richard G. Botzler ed., *Environmental Ethics: Divergence and convergence* (McGraw-Hill Inc., 1993), pp. 411-421.

Newton-Smith, W. H., "T.S. Kuhn: From Revolutionary to Scoial Democrat," and "Theories are Incommensurable?" in his, *The Rationality of Science* (Boston: Routledge & Kegan Paul, 1981).

Quine, W. V., *Word and Object* (Cambridge: MIT Press, 1960).

_____, *Ontological Relativity and Other Essays* (New York: Columbia University Press, 1969).

_____, *The Time of My Life: An Autobiography* (Cambridge: The Massachusetts Institute of Technology Press, 1985).

Ricoeur, Paul, "Structure, Word, Event", in *Philosophy Today*, Trans. Robert Sweeney.Vol. XIII, No. 2/4 (Summer 1968), pp. 114-129.

_____, John Thompson ed. & trans. *Hermenutics and the*

Human Sciences, (Cambridge: Cambridge University Press, 1982) .

Roland, Robertson, *Globalization: Social Theory and Global Culture* (London: Sage, 1992) .

Romanos, George D., *Quine and Analytic Philosophy* (Cambridge: The Massachusetts Institute of Technology Press, 1983) .

Rorty, R., *Philosophy and the Mirror of Nature* (Princeton: Princeton University Press, 1979) .

Tomlinson, John, *Globalization and Culture* (Cambridge: Polity Press, 1999) .

Waters, Malcolm, *Globalization* (London; New York : Routledge, 1995) .

Weber, Max, *The Theory of Social and Economic Organization.* Trans. T. Parsons. (N.Y.: The Free Press, 1947) .

第二章　唐君毅先生論超越界的介述及反思 — 以歸向一神境為中心

甲、唐君毅先生的著作

唐君毅著，《人生之體驗》，收入《唐君毅先生全集》卷 1-1（臺北：臺灣學生書局，1989 年全集校訂版）。

＿＿＿＿＿＿，《道德自我之建立》，收入《唐君毅先生全集》卷 1-2（臺北：臺灣學生書局，1985 年全集校訂版）。

＿＿＿＿＿＿，《心物與人生》，收入《唐君毅先生全集》卷 2-1

（臺北：臺灣學生書局，1984 年全集校訂版）。

————，《愛情之福音》（臺北：正中書局，1945 年臺初版，僞托爲克爾羅斯基著，唐君毅譯），收入《唐君毅先生全集》卷 2-2（臺北：臺灣學生書局，1984 年全集校訂版）。

————，《青年與學問》（臺北：三民書局，1992 年 6 版），收入《唐君毅先生全集》卷 2-3（臺北：臺灣學生書局，1984 年全集校訂版）。

————，《人生之體驗續編》，收入《唐君毅先生全集》卷 3-1（臺北：臺灣學生書局，1988 年全集校訂版）。

————，《智慧與道德》，收入《唐君毅先生全集》卷 3-2（臺北：臺灣學生書局，1984 年全集校訂版）。

————，《病裡乾坤》（臺北：鵝湖出版社，1984 年），收入《唐君毅先生全集》卷 3-3（臺北：臺灣學生書局，1984 年全集校訂版）。

————，《人生隨筆》，收入《唐君毅先生全集》卷 3-4（臺北：臺灣學生書局，1984 年全集校訂版）。

————，《中國文化之精神價值》（臺北：正中書局，1987 年），收入《唐君毅先生全集》卷 4-1（臺北：臺灣學生書局，1984 年全集校訂版）。

————，《中國文化與世界》，收入《唐君毅先生全集》卷 4-2（臺北：臺灣學生書局，1984 年全集校訂版）。

————，《人文精神之重建》（香港：新亞研究所，1955 年初版），收入《唐君毅先生全集》卷 5（臺北：臺灣學生書局，1984 年全集校訂版）。

————，《中國人文精神之發展》（香港：人生出版社，1957

年初版），收入《唐君毅先生全集》卷 6（臺北：臺灣學生書局，1984 年全集校訂版）。

_____，《中華人文與當今世界》二冊，收入《唐君毅先生全集》卷 7、8（臺北：臺灣學生書局，1984 年全集校訂版）。

_____，《中華人文與當今世界補編》二冊，收入《唐君毅先生全集》卷 9、10（臺北：臺灣學生書局，1984 年全集校訂版）。

_____，《中西哲學思想之比較論文集》，收入《唐君毅先生全集》卷 11（臺北：臺灣學生書局，1984 年全集校訂版）。

_____，《中國哲學原論·導論篇》（香港：新亞研究所，1966 年），收入《唐君毅先生全集》卷 12（臺北：臺灣學生書局，1984 年全集校訂版）。

_____，《中國哲學原論·原性篇》，收入《唐君毅先生全集》卷 13（臺北：臺灣學生書局，1984 年全集校訂版）。

_____，《中國哲學原論·原道篇》三冊，收入《唐君毅先生全集》卷 14、15、16（臺北：臺灣學生書局，1984 年全集校訂版）。

_____，《中國哲學原論·原教篇》，收入《唐君毅先生全集》卷 17（臺北：臺灣學生書局，1984 年全集校訂版）。

_____，《哲學論集》，收入《唐君毅先生全集》卷 18（臺北：臺灣學生書局，1984 年全集校訂版）。

_____，《英文論著彙編》，收入《唐君毅先生全集》卷 19（臺北：臺灣學生書局，1984 年全集校訂版）。

_____，《文化意識與道德理性》（香港：友聯出版社，1958年初版），收入《唐君毅先生全集》卷 20（臺北：臺灣學生書局，1984 年全集校訂版）。

_____，《哲學概論》二冊，收入《唐君毅先生全集》，卷 21、22（臺北：臺灣學生書局，1984 年全集校訂版）。

_____，《生命存在與心靈境界》二冊，收入《唐君毅先生全集》卷 23、24（臺北：臺灣學生書局，1984 年全集校訂版）。

_____，《致廷光書》，收入《唐君毅先生全集》卷 25（臺北：臺灣學生書局，1984 年全集校訂版）。

_____，《書簡》，收入《唐君毅先生全集》卷 26（臺北：臺灣學生書局，1984 年全集校訂版）。

_____，《日記》二冊，收入《唐君毅先生全集》卷 27、28（臺北：臺灣學生書局，1984 年全集校訂版）。

_____，《年譜・著述年表・先人著述》，收入《唐君毅先生全集》卷 29（臺北：臺灣學生書局，1984 年全集校訂版）。

_____，《紀念集・編後記》，收入《唐君毅先生全集》卷 30（臺北：臺灣學生書局，1984 年全集校訂版）。

乙、近人研究

（一）中文方面

方克立、李錦全主編，《現代新儒學研究論集（一）》（北京：中國社會科學出版社，1989 年）。

牟宗三等，《當代新儒學論文集：總論篇》（臺北：文津出版
　　社，1991 年）。

牟宗三著，《現象與物自身》（臺北：學生書局，1984 年）。

呂大吉著，《人道與天道：宗教倫理學導論》（上海：上海人
　　民出版社，1993 年）。

宋仲福、趙吉惠、裴大萍等著，《儒學在現代中國》（北京：
　　中州古籍出版社，1991 年）

宋志明著，《現代新儒家研究》（北京：中國人民大學出版社，
　　1991 年）。

宋德宣著，《新儒家》（臺北：揚智文化出版社，1994 年）。

李　杜著，《中國古代天道思想論》（臺北：藍燈文化事業公
　　司，1992 年）。

李明輝著，《當代儒學之自我轉化》（臺北：中央研究院中國
　　文哲研究所，1994 年）。

＿＿＿＿＿，《儒學與現代意識》（臺北：文津出版社，1991 年）。

李瑞全著，《當代新儒學之哲學開拓》（臺北：文津出版社，
　　1993 年）。

李維武著，《心通九境：唐君毅與道家思想》，收入《中國文
　　化月刊》第 205 期（1997 年 4 月），頁 1-15。

杜普瑞著，傅佩榮譯，《人的宗教向度》（臺北：幼獅文化事
　　業公司，1986 年）。

杜維明著，《人文心靈的震盪》（臺北：時報文化公司，1976
　　年）。

＿＿＿＿＿，《儒學第三期發展的前景問題 ── 大陸講學，問
　　難，和討論》（臺北：聯經出版事業公司，1989 年）。

_____，〈試談中國哲學中的三個基調〉，原刊《中國哲學史研究》，第一期（1981 年三 3 月），頁 19-25。後轉載於《鵝湖月刊》，第 7 卷第 7 期，總 79 號，（1992 年 1 月），頁 2-6。

沈清松著，《現代哲學論衡》（臺北：黎明文化事業公司，1985 年）。

周群振等著，《當代新儒學論文集：內聖篇》（臺北：文津出版社，1991 年）。

林安梧著，《存有・意識與實踐－熊十力體用哲學之詮釋與重建》（臺北：東大圖書公司，1993 年）。

武東生著，《現代新儒學人生哲學研究》（瀋陽：遼寧大學出版社，1994 年）。

姜義華、吳根梁、馬學新等編，《港臺及海外學者論傳統文化與現代化》（重慶：重慶出版社，1988 年）。

紀爾松著，沈清松譯，《中世哲學精神》（臺北：國立編譯館，1987 年）。

徐復觀著，蕭欣義編，《儒家政治思想與民主自由人權》（臺北：學生書局，1988 年增訂再版）。

張文達、高質慧等編，《臺灣學者論中國文化》（哈爾濱：黑龍江教育出版社，1989 年）。

張祥浩編，《文化意識宇宙的探索 —— 唐君毅新儒學論著輯要》（北京：中國廣播電視出版社，1992 年）。

_____，〈唐君毅先生的中國文化觀〉，見《南京社會科學》，總 54 期（1992 年 3 月），頁 84-90。

張　顯著，《幽暗意識與民主傳統》（臺北：聯經出版事業公司，1989 年）。

陳少明著，《儒學的現代轉折》（瀋陽：遼寧大學出版社，1992年）。

陳克艱編，《理性與生命（二）── 當代新儒學文萃》（上海：上海書店，1993 年）。

傅偉勳著，《學問的生命與生命的學問》（臺北：正中書局，1993 年）。

勞思光著，孫善豪等編，《思光少作集（七）── 書簡與雜記》（臺北：時報文化公司，1987 年）。

_____，〈王門工夫問題之爭議及儒學精神之特色〉，收入《新亞學術年刊》，第 3 期（1982 年），頁 1-20。

_____，〈從“普遍性”與“具體性”探究儒家道德哲學之要旨〉，收入劉述先主編《儒家倫理研討會論文集》（新加坡：東亞哲學研究所，1987 年），頁 16-28。

_____，〈對於如何理解中國哲學之探討及建議〉，收入《中國文哲研究集刊》，創刊號（1991 年 3 月），頁 89-115。

項退結等譯，《西洋哲學辭典》（臺北：華香園出版社，1988年）。

馮耀明著，《中國哲學的方法論問題》（臺北：允晨文化實業股份有限公司，1989 年）。

黃克劍、周勤等著，《寂寞中的復興 ── 論當代新儒家》（南昌：江西人民出版社，1993 年）。

黃克劍、鐘小霖選編，《唐君毅集》（北京：群言出版社，1993年）。

黃俊傑著，《戰後臺灣的教育與思想》（臺北：東大圖書公司，1993 年）。

楊家駱編，《周易註疏及補正》（臺北：世界書局，1987 年 5 版）。

劉小楓編，《中國文化的特質》（北京：三聯書店，1990 年）。

劉述先著，《文化與哲學的探索》（臺北：學生書局，1986 年）。

劉述先等著，《當代新儒學論文集：外王篇》（臺北：文津出版社，1991 年）。

鄭家棟、葉海煙等編，《新儒家評論》（北京：中國廣播電視出版社，1994 年）。

鄭家棟著，《本體與方法 —— 從熊十力到牟宗三》（瀋陽：遼寧大學出版社，1992 年）。

_____，《現代新儒學概論》（廣西：廣西人民出版社，1990 年）。

鄧元尉著，〈苦難與超越 —— 從唐君毅對基督宗教的理解探討儒基對話的可能向度〉，收入《哲學與文化》第 24 卷第 3 期（1997 年 3 月），頁 275-286。

霍韜晦編，《唐君毅思想國際會議論文集 —— 思想體系與思考方式》第 1 冊（香港：法住出版社，1992 年）。

_____，《唐君毅思想國際會議論文集 —— 宗教與道德》第 2 冊（香港：法住出版社，1990 年）。

_____，《唐君毅國際會議論文集 —— 哲學與文化》第 3 冊（香港：法住出版社，1991 年）。

_____，《唐君毅思想國際會議論文集 —— 傳統與現代》第 4 冊（香港：法住出版社，1991 年）。

_____，《唐君毅哲學簡編 —— 人文篇》（香港：法住出版社，1992 年）。

韓強、趙光輝等著，《文化意識與道德理性 —— 港臺新儒家唐君毅與牟宗三的文化哲學》（瀋陽：遼寧人民出版社，1994 年）。

藍吉富著，《當代中國十位哲人及其文章》（臺北：正文出版社，1969 年）。

羅義俊編著，《評新儒家》（上海：上海人民出版社，1989 年）。

（二）外文方面

Agazzi, Evandro, "The role of metaphysics in contemporary philosophy", *Ratio*,（Dec. 1977），vol. XIX, No.2, pp.162-169.

Alitto, Guy S., *The Last Confucian: Liang Shu-ming and the Chinese dilemma of modernity,*（California : University of California Press, 1982）.

Allen, Diogenes, *Philosophy for Understanding Theology*,（Georgia: John Knox Press, 1985）.

Andrew Chih, *Chinese Humanism: a religion beyond religion*（Taipei: Fu Jen Catholic University Press, 1981）.

Anslem, *St. Anselm: Basic Writings*（La Salle, IL: Open Court Publishing Company, 1962），Sidney N. Deane tran.,2nd edition,

Auer, Fagginger & Hartt, Julian, *Humanism versus Theism*（The Iowa State University Press

Briere, Pere, *Fifty Years of Chinese Philosophy 1898-1950*, （London: George Allen & Unwin Ltd., 1956）. Trans. Thompson.

Bullock, Alan, *The Humanist Tradition in the West*, （N.Y., London: W.W. Norton & Company, 1985）.

Brummer, Vincent, *Theology and Philosophical Inquiry* （London & Basingstoke: Macmillan, 1981）.

Chan, Wing-tsit, *Religious Trends in Modern China*, （N.Y.: Columbia University Press, 1953）.

Chang, Carsun, *The Development of Neo-Confucian Thought,* （N.Y.: Bookman Associates, 1962）.

Chang, Hao, *Chinese Intellectuals in Crisis: Search for order and meaning, 1890-1911,* （Taipei: Southern Material Center, 1987）.

Ching, Julia, *Chinese Religions*, （N.Y.: Orbis Books, 1993）.

＿＿＿＿, *Confucianism and Christianity: A comparative study,* （Tokyo: Kodansha, 1978）.

Davidson, Robert, *Rudolf Otto's Interpretation of Religion* （Princeton: Princeton University Press, 1947）.

Davies, Brain, *An Introduction to the Philosophy of Religion* （Oxford University Press, 1990）.

Day, John Patrick, *Hope: A philosophical inquiry*, （Helsinki: The Philosophical Society of Finland, 1991）.

Do-dinh, Pierre, *Confucius and Chinese Humanism* （N.Y.: Funk & Wagnalls, 1969）. Trans. Charles Lam Markmann.

Fu, Charles Wei-hsun and Spiegler, Gerhard F. *et al., Religious Issues and Interreligious Dialogues: An analysis and sourcebook of developments since 1945*（Connecticut: Greenwood Press, 1989）.

Grondin, Jean, "Humanism and the limits of rationality: A hermeneutical perspective", in *Graduate Faculty Philosophy Journal*,（Nov., 1993）, vol. 16. pp. 417-432.

Hall, David & Ames, Rogers, *Thinking Through Confucius*（N.Y.: SUNY, 1987）.

Johnson, Robert L., *Humanism and Beyond*（Pennsylvania: United Church Press, 1973）.

Kant, Immanuel, *Critique of Practical Reason*, Lewis Beck trans.（Taipei: Hsi-nan Book Co., 1983）.

____, *Critique of Pure Reason*, Norman Kemp Smith trans.（臺北：馬陵出版社，1982 年）.

Kung, Hans & Ching, Julia, *Christianity and Chinese Religions*,（N.Y.: Doubleday and Collins, 1989）.

Lamont, Corliss, *The Philosophy of Humanism*（N.Y.: Continuum Publishing Company, 1993）, Seventh edition, Revised and Enlarged.

Levenson, Joseph R. *, Confucian China and Its Modern Fate: A trilogy*,（Berkeley and Los Angeles: University of California Press, 1972）.

Levine, Michael P., *Pantheism: A non-theistic concept of deity*（London & N.Y.: Routledge, 1994）.

MacIntyre, Alasdair, "Pantheism". In Paul Edwards ed. *Encyclopedia of Philosophy*（N.Y.: Macmillian and Free Press）, vol. 8, pp.31-35.

Malcony, H. Newton and Spilka, Bernard, *religion in Psychodynamic Perspective: the contributions of Paul W. Pruyser*,（N.Y., Oxford: OUP, 1991）.

Marcel, Gabriel, *Homo Viator: Introduction to a metaphysics of hope*,（Gloucester, Mass.: Peter Smith, 1978）. Trans. Emma Craufurd.

Metzger, Thomas, *Escape from Predicament: Neo-Confucianism and China's evolving political culture*,（N.Y.: Columbia University Press, 1977）.

Munro, Donald J., *The Concept of Man in Contemporary China*,（Ann Arbor: the University of Michigan Press, 1977）.

Nagel, Thomas, *The View From Nowhere*（Oxford, New York, Toronto: Oxford University Press, 1986）.

Nielsen, Kai, *Contemporary Critiques of Religon*（London & Basingstoke: Macmillan, 1971）.

_____, *Ethics Without God*（N.Y.: Prometheus Books, 1990）. Revised edition.

Osbert, Reuben,（pseud. R. Osborn）, *Humanism and Moral Theory: a psychological and social inquiry*（London: George Allen & Unwin Lyd., 1959）.

Otto, Rudolf, *The Idea of the Holy*,（London: Oxford University Press, 1958）.

Peterson, Michael *et al., Reason and Religious Belief* (Oxford, New York, Toronto: Oxford University Press, 1991) .

Pruyser, Paul W., "Phenomenology and Dynamics of Hoping," in Sumner B. Twiss and Walter H. Conser ed. *Experience of the Sacred: Readings in the phenomenology of religion,* (Hanover: Brown University Press, 1992) .

Pruyser, Paul, *A Dynamic Psychology of Religion,* (N.Y.: Harper & Row, 1968) .

Shen, Vincent C.S., "Philosophy", in *Republic of China Yearbook, 1990-91* (Taipei: Kwank Hwa Publishing Company, 1990) , pp.555-566.

Sullivan, Roger, *An Introduction to Kant's Ethics* (Cambridge University Press, 1994) .

Tu, Wei-ming, *Confucian Thought: Selfhood as Creative Transformation* (N.Y.: SUNY, 1995) .

_____, *Humanity and Self-cultivation: Essays in Confucian Thought* (Berkeley: Asian Humanities Press, 1979) .

_____, "The Enlightment Mentality and the Chinese Intellectual Dilemma", in Kenneth Lieberthal, Joyce Kallgren, Roderick MacFarquhar, and Frederic Wakeman ed., *Perspectives on Modern China* (Armonk, New York, London: An East Gate Book, 1991) , pp.103-118.

_____, "The Search for Roots in Industrial East Asia: The Case of the Confucian Revival", in Martin E. Mary and R. Scott Appleby ed., *Fundamentalisms Observed* （Chicago and London: The University of Chicago Press, 1991）, pp.740-781.

＿＿＿＿＿＿＿＿＿, "Towards a Third Epoch of Confucian Humanism", in his *Way, Learning, and Politics: Essays on the Confucianism Intellectual* （N.Y.: SUNY, 1993）, pp.141-159.

＿＿＿＿＿＿＿＿＿, Hejtmanek, Milan & Wachman, Alan eds. *The Confucian World Observed: a contemporary discussion of Confucian Humanism in East Asia* （Hawaii: The East-West Center, 1992）.

Turner, Harold W., *Rudolf Otto's The Idea of the Holy: A guide for students*, （Aberdeen: Aberdeen Peoples Press, 1974）.

Wu, John Ching-hsiung, *Chinese Humanism and Christian Spirituality.* Ed. Paul K. T. Sih. （N.Y.: St. John University Press, 1965）.

丙、學位論文

王雪卿著，《唐君毅文化觀析論》（國立中央大學中國文學研究所碩士論文，1992 年 6 月）

林如心著，《唐君毅的道德惡源論》（國立臺灣大學哲學研究所博士論文，1995 年 6 月）

向鴻全著，《唐君毅先生道德觀之基礎》（國立中央大學中國文學系碩士論文，1996 年）。

施穗鈺著，《唐君毅論道德理性與生死觀之研究》（國立成功

大學中國文學研究所碩士論文，1997 年 7 月）。

陳妮昂著，《唐君毅「人格美學」之研究》（淡江大學中國文學研究所碩士論文，1994 年 12 月）。

廖俊裕著，《唐君毅的真實存在論 —— 生命存在與心靈境界之研究》（國立中央大學中國文學研究所碩士論文，1992年 6 月）。

劉湘王著，《唐君毅思想形成的研究 1909-1951》（國立臺灣師範大學歷史研究所碩士論文，1988 年 4 月）。

蘇子敬著，《唐君毅先生詮釋孟子學之系統研究》（中國文化大學哲學研究所博士論文，1998 年 7 月）。

Lau, Kwok-Keung, Creativity and Unity: The Relationship Between the World and the Divine in Whitehead and T'ang Chun-I. PhD dissertation, Department of Philosophy, University of Hawaii, 1986.

第三章　對比視野下的唐君毅死亡觀

甲、原始材料

唐君毅著，《道德自我之建立》，收入《唐君毅先生全集》卷 1-2（臺北：臺灣學生書局，1985 年全集校訂版）。

＿＿＿＿＿，《人生之體驗續編》，收入《唐君毅先生全集》卷 3-1（臺北：臺灣學生書局，1988 年全集校訂版）。

＿＿＿＿＿，《病裡乾坤》（臺北：鵝湖出版社，1984 年），收入《唐君毅先生全集》卷 3-3（臺北：臺灣學生書局，1984 年全集校訂版）。

_____，《中國文化之精神價值》（臺北：正中書局，1987年），收入《唐君毅先生全集》卷 4-1（臺北：臺灣學生書局，1984 年全集校訂版）。

_____，《人文精神之重建》，收入《唐君毅先生全集》卷5（臺北：臺灣學生書局，1984 年全集校訂版）。

_____，《中國人文精神之發展》（香港：人生出版社，1957年初版），收入《唐君毅先生全集》卷 6（臺北：臺灣學生書局，1984 年全集校訂版）。

_____，《中西哲學思想之比較論文集》，收入《唐君毅先生全集》卷 11（臺北：臺灣學生書局，1984 年全集校訂版）。

_____，《中國哲學原論·原道篇》三冊，收入《唐君毅先生全集》卷 14、15、16（臺北：臺灣學生書局，1984年全集校訂版）。

_____，《哲學概論》二冊，收入《唐君毅先生全集》，卷21、22（臺北：臺灣學生書局，1984 年全集校訂版）。

_____，《生命存在與心靈境界》二冊，收入《唐君毅先生全集》卷 23、24（臺北：臺灣學生書局，1984 年全集校訂版）。

_____，《書簡》，收入《唐君毅先生全集》卷 26（臺北：臺灣學生書局，1984 年全集校訂版）。

_____，《日記》二冊，收入《唐君毅先生全集》卷 27、28（臺北：臺灣學生書局，1984 年全集校訂版）。

乙、古　籍

（漢）鄭玄注，《禮記鄭注》，（臺北：學海出版社，1979年5月初版景印宋紹熙建安余氏萬卷堂校刊本）。

（魏）何晏集解，（宋）邢昺疏，（清）阮元校勘，《十三經注疏·論語正義》（臺北：大化書局，1982年10月影印清阮元校勘本）下冊，卷11，頁43a。

（唐）孔穎達撰，（清）阮元校勘，《十三經注疏·周易正義》（臺北：大化書局，1982年10月影印清阮元校勘本）。

（唐）孔穎達撰，楊家駱編，《十三經註疏補正·周易註疏及補正》（臺北：世界書局，1987年5版）。

（清）阮元校勘，《十三經注疏·孟子正義》（臺北：大化書局，1982年10月影印清阮元校勘本）。

李滌生著，《荀子集釋》（臺北：臺灣學生書局，1979年2月初版，1994年10月7刷）

陳榮捷著，《王陽明傳習錄詳註集評》（臺北：臺灣學生書局，1983年12月初版）。

丙、近人研究

（一）中文方面

大衛·韓汀著，孟汶靜譯，《透視死亡》（臺北：東大圖書公司，1997年）

小松正衛著，王歷香譯，《死亡的真諦 ── 從容迎接死亡的智慧》（臺北：東大圖書公司，1997年）

方俊吉著,《孟子學說及其在宋代之振興》(臺北:文史哲出版社,1993 年)

日野原重明、早川一光、信樂峻麿、梯實圓著,長安靜美譯,《從容自在老與死》(臺北:東大圖書公司,1997 年)

木村泰賢著,巴壺天、李世傑譯,《人生的解脫與佛教思想》(臺北:協志工業振興會,1958 年)

王邦雄著,《緣與命》(臺北:漢光文化公司,1985 年 8 月初版,1992 年 12 月 44 版)。

_____,《世道》(臺北:立緒文化公司,1997 年 12 月初版 2 刷)。

田代俊孝編,郭敏俊譯,《看待死亡的心與佛教》(臺北:東大圖書公司,1997 年)

石上玄一郎著,吳村山譯,《輪迴與轉生》(臺北:東大圖書公司,1997 年)

朱　狄著,《原始文化研究》(北京:三聯書局,1988 年 2 月)。

林安梧著,《中國宗教與意義治療》(臺北:明文書局,1996 年 4 月)。

肯內斯・克拉瑪著,方蕙玲譯,《宗教的死亡藝術》(臺北:東大圖書公司,1997 年)。

阿爾芬思・德根、早川一光、寺本松野、季羽倭文子著,林雪婷譯,《生命的終結》(臺北:東大圖書公司,1997 年)。

品川嘉也、松田遇之著,長安靜美譯,《死亡的科學》(臺北:東大圖書公司,1997 年)。

施穗鈺著,《唐君毅論道德理性與生死觀之研究》(國立成功大學中國文學研究所碩士論文,1997 年 7 月 2 日)。

段德智著，《死亡哲學》（湖北：湖北人民出版社，1996 年 7
　　月 2 版）。

香港中文大學進修部主編，《生與死：癡情與智慧》（臺北：
　　商務印書館，1991 年）。

霍韜晦編，《唐君毅思想國際會議論文集 —— 思想體系與思考
　　方式》第 1 冊（香港：法住出版社，1992 年）。

_____，《唐君毅思想國際會議論文集 —— 宗教與道德》第
　　2 冊（香港：法住出版社，1990 年）。

_____，《唐君毅思想國際會議論文集 —— 哲學與文化》第
　　3 冊（香港：法住出版社，1991 年）。

_____，《唐君毅思想國際會議論文集 —— 傳統與現代》第
　　4 冊（香港：法住出版社，1991 年）。

唐端正著，〈唐君毅論宗教之價值與三祭之意義〉，收入《唐
　　君毅國際思想會議論文集 —— 宗教與道德》第 2 冊（香
　　港：法住出版社，1990 年），頁 1-12。

徐復觀著，《中國人性論史》（臺北：商務印書館，1969 年 1
　　月初版，1999 年 9 月初版 12 刷）。

勒維納斯（Emmanuel Levinas）著，《上帝、死亡和時間》（Dieu,
　　La Mort et le Temps）（北京：三聯書店，1993 年）

張志偉、馬麗著，《生與死》（河北：河北人民出版社，1996
　　年 12 月）。

盛永宗興著，郭敏俊譯，《無生死之道》（臺北：東大圖書公
　　司，1996 年）

陸達誠著，〈唐君毅的死亡哲學〉，見載於《哲學年刊》第 10
　　期（1994 年 6 月），頁 43-58；及《哲學與文化》第 21

卷-第 7 期（1994 年 7 月），頁 608-619。

傅偉勳著，《批判的繼承與創造的發展》（臺北：東大圖書股份有限公司，1991 年 8 月）。

_____，《死亡的尊嚴與生命的尊嚴 —— 從臨終精神醫學到現代生死學》（臺北：正中書局，1993 年）。

曾昭旭著，《道德與道德實踐》（臺北：漢光文化公司，1983 年 4 月 1 日初版，1989 年 8 月 15 日 4 版）。

_____，《在說與不說之間 —— 中國義理學之思維與實踐》（臺北：漢光文化公司，1992 年 2 月）。

趙有聲、劉明華、張立偉著，《生死‧享樂‧自由》（北京：國際文化出版公司，1988 年）。

齊格蒙‧包曼著，陳正國譯，《生與死的雙重變奏》（臺北：東大圖書公司，1997 年）。

鄭志明著，〈唐君毅先生的宗教觀初探〉，收入《唐君毅思想國際會議論文集 —— 宗教與道德》第 2 冊（香港：法住出版社，1990 年），頁 13-28。

鄭曉江著，《中國死亡智慧》（臺北：東大圖書公司，1994 年 4 月）。

關永中著，〈愛與死亡 —— 與馬賽爾懇談〉，《哲學雜誌》第 8 期（1994 年 4 月），頁 116-142。

_____，《愛、恨與死亡 —— 一個現代哲學的探索》（臺北：商務印書館，1997 年 4 月）。

（二）外文方面

Choron, Jacques, *Death and Western Thought*（New York:

Collier Books, 1963）．

Cohn-Sherbok, Dan and Lewis, Christopher, *Beyond Death: Theological and Philosophical Reflections on Life after Death* （London: Macmillan, 1995）．

Frankl, Viktor E., *The Will to Meaning: Foundations and Applications of Logotherapy* （N.Y.: New American Library, 1969）．

Grof, Stanislav and Christina, *Beyond Death: The Gates of Consciousness*（London : Thames and Hudson, 1980）．

Keubler-Ross, Elisabeth, *Death: the Final Stage of Growth*（New Jersey: Prentice-Hall, Inc., 1975）．

Pojman, Louis P. ed, *Life and Death: A Reader in Moral Problems* （Boston : Jones and Bartlett, 1993）

Pojman, Louis P., *Life and Death: Grappling with the Moral Dilemmas of Our Time* （Boston: Jones and Bartlett Publishers, 1992）．中譯有江麗美譯，《生與死 ── 現代道德困境的挑戰》（臺北：桂冠圖書公司，1995 年）。

Wilcox, Sandra G. & Sutton, Marilyn complied, *Understanding Death and Dying: An Interdisciplinary Approach*（Port Washington, N.Y. : Alfred Pub. Co., 1977）．中譯有嚴平譯，《死亡與垂死》（北京：光明日報，1990 年）．

第四章　唐君毅先生的愛情哲學

甲、原始材料

_____，《愛情之福音》（臺北：正中書局，1945 年臺初版，偽託爲克爾羅斯基著，唐君毅譯），收入《唐君毅先生全集》卷 2-2（臺北：臺灣學生書局，1984 年全集校訂版）。

_____，《中國文化之精神價值》（臺北：正中書局，1987 年），收入《唐君毅先生全集》卷 4-1（臺北：臺灣學生書局，1984 年全集校訂版）。

_____，《人文精神之重建》（香港：新亞研究所，1955 年初版），收入《唐君毅先生全集》卷 5（臺北：臺灣學生書局，1984 年全集校訂版）。

_____，《中國人文精神之發展》（香港：人生出版社，1957 年初版），收入《唐君毅先生全集》卷 6（臺北：臺灣學生書局，1984 年全集校訂版）。

_____，《文化意識與道德理性》（香港：友聯出版社，1958 年初版），收入《唐君毅先生全集》卷 20（臺北：臺灣學生書局，1984 年全集校訂版）。

_____，《生命存在與心靈境界》二冊，收入《唐君毅先生全集》卷 23、24（臺北：臺灣學生書局，1984 年全集校訂版）。

_____，《致廷光書》，收入《唐君毅先生全集》卷 25（臺北：臺灣學生書局，1984 年全集校訂版）。

_____，《書簡》，收入《唐君毅先生全集》卷 26（臺北：臺灣學生書局，1984 年全集校訂版）。

_____，《日記》二冊，收入《唐君毅先生全集》卷 27、28（臺北：臺灣學生書局，1984 年全集校訂版）。

_____，《年譜・著述年表・先人著述》，收入《唐君毅先

生全集》卷 29（臺北：臺灣學生書局，1984 年全集校訂版）。

乙、近人研究

（一）中文方面

沈　雄編，《古今詞話》（臺北：廣文書局重印，1967 年）。

舍勒著、林克譯，《愛的秩序》（香港：三聯書店，1994 年）。

馬克斯・謝勒（Max Schele）著，陳仁華譯，《情感現象學》（*The Nature of Sympathy*）（臺北：遠流出版公司，1991 年）。

馬賽爾著、陸達誠譯，《是與有》（臺北：商務印書館，1990 年）。

張祥浩編，《文化意識宇宙的探索 —— 唐君毅新儒學論著輯要》（北京：中國廣播電視出版社，1992 年）。

＿＿＿＿＿＿＿，《唐君毅思想研究》（天津：天津人民出版社，1994 年）。

張燦輝著，〈愛與情 —— 中西「愛」的概念之比較研究〉，收入《哲學雜誌》第 9 期（1994 年 7 月），頁 98-109。

曾昭旭著，《愛情功夫》（臺北：張老師文化，1996 年）。

＿＿＿＿＿＿＿，《解情書》（臺北：聯合文學出版社，1996 年）。

黃克劍、鐘小霖編《唐君毅集》（北京：群言出版社，1993 年）。

葉海煙著，《道德、理性與人文的向度》（臺北：文津出版社，1996 年 1 月）。

_____，〈哲學的理想與理想的哲學〉，見《哲學雜誌》第 17 期（1996 年 8 月）。

劉尊棋與 Gibney, F 等，《簡明不列顛百科全書》（北京、上海：中國大百科全書出版社，1985-1986 年）。

霍韜晦編，《唐君毅思想國際會議論文集 —— 思想體系與思考方式》第 1 冊（香港：法住出版社，1992 年）。

_____，《唐君毅思想國際會議論文集 —— 宗教與道德》第 2 冊（香港：法住出版社，1990 年）。

_____，《唐君毅國際會議論文集 —— 哲學與文化》第 3 冊（香港：法住出版社，1991 年）。

_____，《唐君毅思想國際會議論文集 —— 傳統與現代》第 4 冊（香港：法住出版社，1991 年）。

_____，《唐君毅哲學簡編》（香港：法住出版社，1992 年）。

韓強、趙光輝《文化意識與道德理性》（瀋陽：遼寧人民出版社，1994 年）。

關永中著，《愛、恨與死亡 —— 一個現代哲學的探索》（臺北：商務印書館，1997 年）。

（二）外文方面

Auer, A.C. Fagginger & Hartt, Julian, *Humanism versus Theism* （The Antioch Press, 1951）.

Allen, Diogenes, *Philosophy for Understanding Theology*, （Georgia: John Knox Press, 1985）

Audi, Robert ed., *The Cambridge Dictionary of Philosophy* （Cambridge: Cambridge University Press, 1995）.

Bloom, Lynn Z.; Kuiper, Kenneth W. & Kinney Arthur F. ed., *Symposium on Love* (New York, Altanta, Geneva, Dallas, Palo, Alto: Houghton Mifflin Company, 1970) .

Buber, Nartin, trans. Ronald G. Smith, *I and Thou* (N.Y.: Charles Scribner's Sons, 1958) 2 ed..

Bullock, Alan, *The Humanist Tradition in the West*, (N.Y., London: W.W. Norton & Company, 1985) .

Chih, Andrew, *Chinese Humanism: a religion beyond religion* (Taipei: Fu Jen Catholic University Press, 1981) .

Fine, Reuben, *The Meaning of Love in Human Experience* (New York, Chichester, Toronto, Singapore: John Wiley & Sons, 1985) .

Fromm, Frich, *The Art of Loving: An Enquiry into the Nature of Love* (N.Y. & Evanston: Harper Colophon Books, 1956) .

Kung, Hans & Ching, Julia, *Christianity and Chinese Religions* (N.Y.: Doubleday, 1989)

Hegel, G. W. F., *Early Theological Writings.* Trans. T.M. Knox. (Philadelphia: University of Pennsylvania Press, 1971) .

Heidegger, Martin, *Being and Time.* Trans. John Macquarrie & Edward Robinson. (Taipei: Yehyeh Books, 1985) .

Johnson, Robert L., *Humanism and Beyond* (Pennsylvania: United Church Press, 1973) .

Kierkegaard, Soren, *Works of Love.* Trans. Howard & Edna Hong (N.Y.: Harper Tourchbooks, 1962) .

Lamont, Corliss, *The Philosophy of Humanism* （N.Y.: Continuum Publishing, Company, 1993, 7th edition, Revised and Enlarged）.

Lewis, C. S., *The Four Loves*（London: Fount, 1977）.

Metzger T., "The Thought of Tang Chun-I （1909-1978）: A Preliminary Response", in 霍韜晦編,《唐君毅思想國際會議論文集 —— 思想體系與思考方式》（香港：法住出版社，1991 年）, vol. 1, pp. 165-198.

Moustakas, Clark E., *Loneliness and Love* （Englewood Cliffs, New Jersey: Prentice-Hall Inc., 1972）.

Ng, Yau-nang William, *Tang Chun-i's Idea of Transcendence* （Unpublished Ph.D. Dissertation, University of Toronto, 1996）.

Sartre, Jean-Paul, *Existentialism and Human Emotions* （N.Y.: Philosophical Library, 1957）.

Scheler, Max, trans. by Harold J. Bershardy, *On Feeling, Knowing, and Valuing* （Chicago & London: The Chicago University Press, 1992）.

Singer, Irving, *The Nature of Love*（Chicago and London: The University of Chicago Press, 1984）.

_____, *The Pursuit of Love*（Baltimore & London: The Johns Hopkins University Press, 1994）.

Solomon, Robert, *Love: Emotion, Myth, and Metaphor* （Buffalo: Prometheus Books, 1990.

Stewart, Robert ed., *Philosophical Perspectives on Sex & Love*

（Oxford, N.Y., Toronto: Oxford University Press, 1995）.

Streng, F., *Understanding Religious Life*（Belmont, California: Wadsworth Publishing Company, 1985）. 3rd edition, pp. 257-263.

Tu, Weiming; Hejtmanek, Milan & Wachman, Alan eds. *The Confucian World Observed: a contemporary discussion of Confucian Humanism in East Asia*（Hawaii: The East-West Center, 1992）.

Wu, John, *The Science of Love* （Taipei: *guangqi chubanshe* 光啓出版社 , 1990, 3rd ed）.

第五章　牟宗三論新外王

甲、牟宗三先生的著作

（一）專　著

牟宗三著，《認識心之批判》上、下冊（香港：友聯出版社，ND）。

_____，《理則學》，（臺北：正中書局，1968 年）。

_____，《邏輯典範》，（臺北：商務印書館，1970 年）。

_____，《理則學》（臺北：國立編譯館，1971 年）。

_____，《心體與性體》三冊（臺北：正中書局，1973-1975 年）。

_____，《從索忍尼辛批評美國說起》（臺北：聯經出版公司，1979 年）。

_____，《智的直覺與中國哲學》，（臺北：商務印書館，1980
年 3 版）。

_____，《道德的理想主義》（臺北：臺灣學生書局，1982
年修訂 5 版）。

_____，《中國文化的省察》（臺北：聯合報社，1983 年）。

_____，《中國哲學十九講》，（臺北：臺灣學生書局，1983
年）。

_____，《政道與治道》（臺北：臺灣學生書局，1983 年初
版，1990 年增訂新版）。

_____，《歷史哲學》（臺北：臺灣學生書局，1984 年臺 6
版）。

_____，《佛性與般若》上、下冊（臺北：臺灣學生書局，
1984 年修訂 4 版）。

_____，《現象與物自身》（臺北：臺灣學生書局，1984 年
4 版）。

_____，《從陸象山到劉蕺山》，（臺北：臺灣學生書局，1984
年 2 版）。

_____，《中國哲學的特質》，（臺北：三民書局，1984 年）。

_____，《才性與玄理》（臺北：臺灣學生書局，1985 年修
訂 7 版）。

_____，《名家與荀子》（臺北：臺灣學生書局，1985 年 3
版）。

_____，《時代與感受》（臺北：鵝湖出版社，1985 年 2 版）。

_____，《圓善論》，（臺北：臺灣學生書局，1985 年）。

_____，《時代與感受》，（臺北：鵝湖出版社，1986 年）。

_____，《中國文化的省察》（臺北：聯合報社，1986 年）。

_____，《生命的學問》（臺北：三民書局，1987 年 4 版）。

_____，《周易的自然哲學與道德函義》，（臺北：文津出版社，1988 年）。

_____，《五十自述》，（臺北：鵝湖出版社，1989 年）。

_____，《中西哲學之會通十四講》（臺北：臺灣學生書局，1990 年）。

（二）會議論文

_____，〈徐復觀先生的學術思想〉，收入東海大學徐復觀學術思想國際研討會執行委員會編，《徐復觀學術思想國際研討會論文集》（臺中市：東海大學，1992 年 12 月），頁 1-13。

（三）譯　註

牟宗三譯註，《康德的道德哲學》（臺北：臺灣學生書局，1982 年）。

_____，《康德純粹理性之批判》上、下冊（臺北：臺灣學生書局，1983 年）。

_____，《名理論》（臺北：臺灣學生書局，1984 年）。

_____，《康德判斷力之批判》（臺北：臺灣學生書局，199？年）。

乙、近人研究

（一）中文方面

中華孔子學會編，《儒學與現代化》（北京：人民教育出版社，1994 年）。

方克立、李錦全主編，《現代新儒學研究論集（一）》（北京：中國社會科學出版社，1989 年）。

王邦雄著，《中國哲學論集》（臺北：臺灣學生書局，1983 年 8 月）。

牟宗三等著，《當代新儒學論文集：總論篇》（臺北：文津出版社，1991 年）。

艾愷著，王宗昱、冀建中譯，《最後的儒家 —— 梁漱溟與中國現代化的兩難》（南京：江蘇人民出版社，1993 年）。

何信全著，《儒學與現代民主》（臺北：中國文哲研究所籌備處，1996 年）。

余英時著，《猶記風吹水上鱗》（臺北：三民書局，1991 年）
　　　　，《現代儒學論》（新澤西：八方文化企業公司，1996 年）

吳　虞著，《吳虞文錄》（上海：亞東圖書館，1921 年）

宋仲福、趙吉惠、裴大萍著，《儒學在現代中國》（北京：中州古籍出版社，1991 年）。

宋志明著，《現代新儒家研究》（北京：中國人民大學出版社，1991 年）。

宋德宣著，《新儒家》（臺北：揚智文化出版社，1994 年）。

李　杜著,《中國古代天道思想論》(臺北：藍燈文化事業公司，1992 年)。

李宗一著,《袁世凱傳》(北京：中華書局，1980 年)

李明輝著,《儒家與康德》(臺北：聯經出版事業公司，1990 年)。

_____,《儒學與現代意識》(臺北：文津出版社，1991 年)。

_____,《當代儒學之自我轉化》(臺北：中國文哲研究所籌備處，1996 年)。

李洪鈞著,《陳獨秀評傳》(瀋陽：遼寧大學出版社，1990 年)

杜維明著,《儒學第三期發展的前景問題 ── 大陸講學，問難，和討論》(臺北：聯經出版事業公司，1989 年)。

汪榮祖編,《五四研究論文集》(臺北：聯經出版事業公司，1979 年)。

周策縱等著,《胡適與近代中國》(臺北：時報文化公司，1991 年)

周群振等著,《當代新儒學論文集：內聖篇》(臺北：文津出版社，1991 年)。

林安梧著,《中國近現代思想觀念史論》(臺北：臺灣學生書局，1995 年)。

_____,《當代新儒家哲學史論》(臺北：文海學術思想研究發展基金會，1996 年)

_____,《儒學與中國傳統社會之哲學省察：以血緣性縱貫軸為核心的理解與詮釋》(臺北：幼獅文化公司，1996 年)

林毓生著,《中國意識的危機》(貴州：貴州人民出版社，1986

年）。

_____，《中國傳統的創造性轉化》（北京：三聯書店，1988
年）。

姜義華、吳根梁、馬學新編，《港臺及海外學者論傳統文化與
現代化》（重慶：重慶出版社，1988 年）。

胡偉希著，《傳統與人文》（北京：中華書局，1992 年）

張　顥著，《幽暗意識與民主傳統》（臺北：聯經出版事業公
司，1989 年）。

啓　良著，《新儒學批判》（上海：三聯書店，1995 年）

郭湛波著，《近代中國思想史》（香港：龍門書局，1973 年）

陳少明著，《儒學的現代轉折》（瀋陽：遼寧大學出版社，1992
年）。

陳克艱編，《理性與生命（二）—— 當代新儒學文萃》（上海：
上海書店，1993 年）。

傅偉勳著，《學問的生命與生命的學問》（臺北：正中書局，
1993 年）。

勞思光著，《中國文化要義》（香港：崇基書院，1965 年；香
港：中國人文研究學會，1987 年 10 月；另有香港：中
文大學出版社，1998 年梁美儀的新編本）

賀　麟著，《五十年來的中國哲學》（瀋陽：遼寧教育出版社，
1989 年）。

黃克劍、周勤著，《寂寞中的復興 —— 論當代新儒家》（南昌：
江西人民出版社，1993 年）。

劉述先等著，《當代新儒學論文集：外王篇》（臺北：文津出
版社，1991 年）。

劉述先著,《當代中國哲學論:人物篇》(新紐澤西:八方文化公司,1996 年 12 月)。

蔣夢麟著,《西潮》(臺北:世界書局,1974 年)

鄭家棟著,《本體與方法－從熊十力到牟宗三》(瀋陽:遼寧大學出版社,1992 年)。

_____,《當代新儒學論衡》(臺北:桂冠出版社,1995 年)。

鄭學稼著,《陳獨秀傳》(臺北:時報文化公司,1989 年)

盧連章著,《中國新儒學史》(鄭州:中州古籍出版社,1993 年)。

韓強、趙光輝著,《文化意識與道德理性 —— 港臺新儒家唐君毅與牟宗三的文化哲學》(瀋陽:遼寧人民出版社,1994 年)。

羅義俊編著,《評新儒家》(上海:上海人民出版社,1989 年)。

(二)外文方面

服部宇之吉,《儒教と現代思潮》(東京:明治出版社,大正 7 七年〔AD 1918〕初版,大正 8 年〔AD 1919〕再版)。中譯有《儒教與現代思潮》(臺北:文境文化事業有限公司,1983 年),譯者失載。

Chou, Tse-tsung, "The Anti-Confucianism Movement in Early Republican China," in A. Wright ed., *The Confucian Persuasion* (Stanford: Stanford University Press, 1969), pp. 287-321.

第六章　進路與視域 —— 為勞思光
先生的哲學進一解

甲、勞思光先生的著作

（一）專　著

勞思光著，《國家與國家主義》（台北：民主潮社，1955 年）

_____，《文化問題論集》（香港：自由出版社，1957 年）

_____，《思想方法五講》（香港：友聯出版社有限公司，1957 年）

_____，《康德知識論要義》（香港：友聯出版社，1957 年）。

_____，《哲學淺說》（香港：友聯出版社，1958 年初版，1962 年 2 版）。

_____，《哲學問題源流論》（香港：中文大學，即將出版新編本）。

_____，《存在主義哲學》（香港：友聯出版社，1959 年；另有香港：中文大學出版社，1998 年梁美儀的新編本）

_____，《中庸譯註》（香港：友聯出版社，1964 年；另有香港：中文大學出版社，1998 年梁美儀的新編本）

_____，《大學譯註》（香港：友聯出版社，1964 年；另有香港：中文大學出版社，1998 年梁美儀的新編本）

_____，《中國文化要義》（香港：崇基書院，1965 年；香港：中國人文研究學會，1987 年 10 月；另有香港：中文大學出版社，1998 年梁美儀的新編本）

_____，《歷史之懲罰》（香港：友聯出版社，1971年）

_____，《中國哲學史》三卷（香港：友聯出版社，1980年）

_____，《新編中國哲學史》三卷（台北：三民書局，1981年）

_____，《中國之路向》（香港：尙智出版社，1981年）

_____，《儒學精神與世界文化路向 ── 思光少作集（一）》（台北：時報文化公司，1986年）

_____，《哲學與歷史 ── 思光少作集（二）》（台北：時報文化公司，1986年）

_____，《哲學與政治 ── 思光少作集（三）》（台北：時報文化公司，1986年）

_____，《知己與知彼 ── 思光少作集（四）》（台北：時報文化公司，1986年）

_____，《遠慮與近憂 ── 思光少作集（五）》（台北：時報文化公司，1986年）

_____，《西方思想淺談 ── 思光少作集（六）》（台北：時報文化公司，1987年）

_____，《書簡與雜說 ── 思光少作集（七）》（台北：時報文化公司，1987年）

_____，《思光時論集》（台北：允晨文化公司，1989年）

_____，《解咒與立法》（台北：三民書局，1991年）

_____，《思光詩選》（臺北：東大圖書公司，1992年2月初版）。

_____，《中國文化路向問題的新檢討》（臺北：東大圖書

公司，1993 年 2 月初版）。

_____，《思辯錄 —— 思光近作集》（臺北：東大圖書公司，1996 年 1 月初版）。

（二）期　刊

_____，〈王門功夫問題之爭議及儒學精神之特色〉，收入《新亞學術年刊》第 3 期（1982 年），頁 1-20。此文同見於氏著，《思辯錄》，頁 55-97。

_____，〈從“普遍性”與“具體性”探究儒家道德哲學之要旨〉，收入劉述先主編，《儒家倫理研討會論文集》（新加坡：東亞哲學研究所，1987 年），頁 16-28。同見氏著，《思辯錄》，頁 39-54。

_____，〈哲學思想與教育〉，收入杜祖怡、劉述先編，《哲學、文化與教育》（香港：中文大學出版社，1988 年），頁 37-62。

_____，〈對於如何理解中國哲學之探討及建議〉，收入《中國文哲研究集刊》，創刊號（1991 年 3 月），頁 89-115。該文後收入氏著，《思辯錄》，頁 1-37。

乙、近人研究

（一）中文方面

牟宗三著，〈儒家的道德底形上學〉，收入周博裕主編，《寂寞的新儒家》（臺北：鵝湖出版社，1992 年），頁 1-13。

吳汝鈞著，《西方哲學析論》（臺北：文津出版社，1992 年）。

李明輝著，〈牟宗三思想中的儒家與康德〉，見《鵝湖學誌》
　　第 10 期（1993 年 6 月），頁 57-90。

賀　麟著，《五十年來的中國哲學》（瀋陽：遼寧教育出版社，
　　1989 年 3 月）。

馮耀明著，《中國哲學的方論問題》（臺北：允晨文化實業司，
　　1989 年）。

（二）外文方面

Eckhart, M., *Breakthrough: Meister Eckhart's Creation Spirituality* （N.Y.: Image Book, 1991）.

Lao, Sze-kwang, " On Understanding Chinese Philosophy: an inquiry and a proposal," in Robert Allison ed., *Understanding the Chinese Mind* （Oxford: Oxford University Press, 1980）, pp.265-293.

Miller, Oscar W., *The Kantian Thing-in-itself or The Creative Mind* （N.Y. : Philosophical Library, 1956）

Pieper, Josef, *Scholasticism*（N.Y. & Toronto: McGraw-Hill Book, 1964）

Tarnas, Richard, *The Passion of the Western Mind* （N.Y.: Ballantine Books, 1991），中譯有王又如譯，《西方心靈的激情》（臺北：正中書局，1995 年 7 月初版）。